DEIN GUIDE ZUR FIRMUNG

Feel the Spirit
Dein Guide zur Firmung

INHALT

24
Die 10 Gebote haben mit deinem Leben eine ganze Menge zu tun

18
Mit Chrisam bekommst du zur Firmung das Kreuz auf die Stirn

4 **Editorial**
von **Bischof Karl-Heinz Wiesemann**

6 **> Hallo!**
„Wir sind jung … und katholisch": Jugendliche erzählen von ihrem Glauben

11 **> Stars und ihr Glaube 1**
Schauspieler Denzel Washington: „Ich habe immer eine Bibel dabei"

12 **Woran wir glauben**
Das **Glaubensbekenntnis** – alles, was uns heilig ist, in 20 Zeilen

17 **> Stars und ihr Glaube 2**
„Ohne Gottes Kraft hätte ich es nicht geschafft!" – **Sängerin Shakira**

18 **Die Sakramente**
Hier erfährst du alles über **die Firmung** und die anderen sechs Sakramente

24 **> Die 10 Gebote**
Garantie für ein glückliches Leben mit den ältesten Regeln der Welt

29 **> Stars und ihr Glaube 3**
Fußballstar David Alaba sagt: „Leben ohne Gott ist wie Fußball ohne Ball"

30 **Draht zu Gott**
Ein Gespräch mit Schülern und Weihbischof Renz über das **Beten**

36 **Liebe, Kraft & Stärke**
Jugendliche über ihr **Lieblingsgebet**

40 **> Papst Franziskus**
Der erste **Papst aus Südamerika**

42 **Das Zentrum der Kirche**
Vom Apostolischen Palast bis zum Petersdom: ein **Blick in den Vatikan**

44 **Weltjugendtage**
Seit 1984 Treffpunkt für junge Christen: Reportage über die **Feste des Glaubens**

49 **> Stars und ihr Glaube 4**
Ski-Ass Maria Höfl-Riesch: „Ich bin mit dem Glauben aufgewachsen"

50 **Kirche in aller Welt**
Über 1,2 Milliarden Menschen gehören zur Gemeinschaft der katholischen Kirche

53 **> Stars und ihr Glaube 5**
Skispringer Gregor Schlierenzauer: „Für mich regelt das Jesus"

54 **Erzbischof Thissen**
„Gott macht dich stark": Ein Tag unterwegs mit dem Hamburger Erzbischof

59 **> Stars und ihr Glaube 6**
Fußball-Startrainer Jürgen Klopp: „Mein Glaube ist mein Fixstern"

60 **Soziales Engagement**
Ohne Kirche kein soziales Leben – wie man am Beispiel von Paderborn sieht

63 **> Stars und ihr Glaube 7**
Schauspieler Mark Wahlberg sagt: „Ich will Gott dienen!"

64 **Diözesen**
Und wo kommst du her? Alles Wichtige zu den **27 deutschen Bistümern**

70 **> Und jetzt du!**
Deine Möglichkeiten, wie du dich in der Kirche engagieren kannst

78 **Meine Firmung**
Erinnerungen an einen schönen Tag

80 **IQ**
Wissen rund um die katholische Kirche

Alle Titelthemen sind mit einem orangen Pfeil **>** gekennzeichnet

54
Unterwegs mit Werner Thissen
Der Hamburger Erzbischof spendet an diesem Tag 46 Mädchen und Jungen die Firmung, für jeden hat er ein paar Worte übrig

44
Weltjugendtage – Feste des Glaubens

17
Stars und ihr Glaube

„Ohne Gottes Kraft hätte ich es nie geschafft"

... sagt zum Beispiel Sängerin Shakira. Sie und 6 weitere Stars erzählen von ihrem Glauben

36
Jugendliche und ihr Lieblingsgebet

40
Das ist unser Papst Franziskus

FEEL THE SPIRIT

Feel the Spirit

Jugendbischof Wiesemann feiert eine Messe beim Weltjugendtag in Rio

Liebe Jugendliche!

Seit März 2013 gibt es einen neuen Papst. Ihr habt ihn bestimmt schon durch die Berichterstattung in den Medien, durch Fotos oder durch seine Beiträge auf Twitter und Facebook kennengelernt. Auch diese neue Ausgabe von „Feel the Spirit" bringt einen interessanten Beitrag über den früheren Kardinal von Buenos Aires und heutigen Papst Franziskus.
Es hat sich gezeigt, dass das neue Oberhaupt der katholischen Kirche den Menschen ganz nahe sein will. Ihr Jugendlichen liegt ihm dabei in besonderer Weise am Herzen. Bei seiner Reise zum Weltjugendtag in Brasilien in diesem Sommer hat man das wirklich spüren können. Wie ihr vielleicht wisst, wurden die Weltjugendtage von Papst Johannes Paul II. ins Leben gerufen und wollen Euch junge Christen, aber auch die ganze Kirche, im Glauben stärken.

Mit Christus wird das Herz niemals alt, sagt Papst Franziskus

Vor Ort wird der Tag der Jugend traditionell am Palmsonntag, dem Sonntag vor Ostern, gefeiert. An diesem Tag hielt Papst Franziskus eine seiner ersten Predigten auf dem Petersplatz in Rom. Dabei ging es sehr grundlegend und mutmachend um Euch, als er sagte: „Ihr spielt eine wichtige Rolle beim Fest des Glaubens! Ihr bringt uns die Freude des Glaubens und sagt uns, dass wir den Glauben mit einem jungen Herzen leben müssen, immer, mit einem jungen Herzen, auch mit siebzig, achtzig Jahren! Ein junges Herz! Mit Christus wird das Herz niemals alt!"
Das ist eine wirklich großartige Botschaft. Und doch erreicht sie nicht alle. Kennt Ihr nicht auch junge oder äußerlich junggebliebene Menschen, denen Ihr aber irgendwie ansehen könnt, dass sie innerlich „alt" sind? Vielleicht sind sie verbittert oder zornig, und das hat auf ihrem Gesicht Spuren hinterlassen. Möglicherweise sind sie auch gefangen in Vorurteilen oder sind an sich selbst oder anderen schuldig geworden. Da gibt es aber auch die älteren oder alten Menschen, die eine jugendliche Leichtigkeit und Gelassenheit ausstrahlen, und die uns dann auch in besonderer Weise sympathisch sind. Bei mir war das in meiner Kindheit und Jugend der Heimatpfarrer, der schon etwas älter

EDITORIAL

„‚Feel the Spirit'
will Euch neugierig
machen auf die
große Sache mit Gott,
für die Ihr Euch
mit der Firmung ganz
bewusst entscheidet"

war, aber ein liebevolles Herz hatte. Bei vielen jungen Menschen spielen auch die Großeltern diesbezüglich eine wichtige Rolle.
Wie Ihr wisst, ist das Herz ein Symbol für die Liebe. Ein junges Herz, liebe Firmlinge, ist ein liebendes Herz. Es ist ein Herz, das mit Leidenschaft um das- oder denjenigen ringt, der mir im Leben wichtig geworden ist. Es ist ein Herz, das weiß, dass es womöglich auch Schmerz ertragen muss. Es ist aber auch ein Herz, das sich von Rückschlägen nicht entmutigen lässt, sondern darin eine neue Chance sieht. Papst Franziskus hat gesagt, unser Herz werde mit Christus niemals alt. Es bleibt mit Jesus immer jung, weil er selbst, weil Gott die Liebe ist. Seine Liebe zu Dir und zu mir ist so groß, wie ich es überhaupt nur denken kann – und noch größer. Vielleicht kannst Du es Dir so vorstellen, als ob Gott mit aller Kraft nur Dich liebt, aber das gilt für jeden einzelnen Menschen. Diesem Gedanken bin ich ungefähr zu der Zeit begegnet, als ich selbst das Sakrament der Firmung empfangen habe. Und ich wünsche Euch, dass Ihr durch Eure Firmung diese Größe der Liebe Gottes erfahren oder zumindest erahnen könnt.
Ein Herz bleibt jung, wenn die Liebe, die es erfüllt, eine lebendige Liebe ist. Der heilige Geist, der Euch bei der Firmung geschenkt wird, hilft, dass unsere Liebe und unser Leben auch wirklich lebendig bleiben

können. Der Geist gilt ja gemeinhin als Zeichen für das Leben. Dieses Leben aber kann manchmal schwer auf unseren Schultern lasten. Gerade dann, wenn wir enttäuscht worden sind.
So ging es auch den Jüngern Jesu. Vor seinem Leiden und Sterben waren diese sehr traurig: Wie sollten sie das Leben alleine bestehen können, wenn ER nicht mehr bei ihnen ist? Jesus hat seinen Freunden dann einen Beistand, eine besondere Hilfe versprochen. Dieser Beistand ist der heilige Geist, der dann tatsächlich fünfzig Tage nach Ostern am Pfingstfest geschenkt wurde und je neu geschenkt wird. Ein solches Pfingstereignis ist auch Deine Firmung. Gott spricht Dich dabei ganz persönlich an und sagt Dir: „Du bist gemeint, Dich liebe ich, und ich möchte, dass es Dir gut geht. Deshalb stärke ich Dich mit meinem Geist!" Liebe Jugendliche: Feel the spirit! Lasst Euch inspirieren und von diesem heiligen Geist anstecken. Papst Franziskus sagte bei seiner Predigt am Palmsonntag abschließend: „Die jungen Leute müssen der Welt sagen: ‚Es ist gut, Jesus zu folgen, es ist gut, mit Jesus zu gehen, die Botschaft Jesu ist gut, es ist gut, aus sich selbst herauszugehen, herauszugehen zu den Randgebieten der Welt und des Daseins um Jesus zu bringen!'" Vielleicht könnt Ihr ja einmal zu dem einen oder anderen gehen, dessen Herz alt geworden ist. Erzählt ihm von der Liebe Gottes, die Trost und Hoffnung schenkt. Dann kann womöglich auch er oder sie neu die befreiende Kraft des Heiligen Geistes spüren. Es ist dieser Geist, von dem auch die vorliegende Ausgabe von „Feel the spirit" handelt. Sie will Euch neugierig machen auf die große Sache mit Gott, für die Ihr Euch mit Eurer Firmung ganz bewusst entscheidet. Danke allen, die Euch auf diesem Weg begleiten, und danke Euch für Eure Offenheit und Euer Zeugnis.
Ich wünsche Euch Gottes reichen Segen.
Euer

+ Karl-Heinz Wiesemann

Bischof Dr. Karl-Heinz Wiesemann
Bischof von Speyer und Jugendbischof

Wir sind jung ...
... und katholisch!

Wir möchten euch Vicky, Julian, Anna, Dominik und Niklas vorstellen. Sie gehen in die Schule oder machen eine Lehre. Sie haben ganz unterschiedliche Hobbys und eines gemeinsam – ihren Glauben

Vicky, 17
Die Saxophonistin

Ich bin derzeit noch Schülerin am Gymnasium und mache nächstes Jahr mein Abitur. Da ich naturwissenschaftlich sehr begabt bin, möchte ich später mal Ingenieurin werden.
Meine große Leidenschaft ist die Musik. Irgendwie liegt das bei uns in der Familie, weil auch meine Schwester und meine Mutter ein Instrument spielen. Ich spiele Saxophon und bin seit drei Jahren sogar in der Bigband meiner Schule. Mit meinen Freunden koche ich unheimlich gerne. Wir probieren neue Gerichte aus und bekochen unsere Familien.
Früher habe ich auch noch im Verein getanzt. Leider schaffe ich das zeitlich nicht mehr neben meinen Bandproben, dem Einzelunterricht dreimal in der Woche und dem ganzen Üben. Ich spiele nämlich auch noch in der Kolpingkapelle ...

Lies weiter auf Seite 70!

HALLO!

„Es gibt nichts Schöneres, als gemeinsam zu gewinnen"

Julian, 18
Der Fußballer

Ich bin der Julian und habe gerade mein Abitur gemacht. Mein größtes Hobby ist Fußball. Ich spiele bereits seit elf Jahren im Verein. Mein Vater hat mich damals mitgenommen, weil er selber dort gespielt hat. Das Geniale an meinem Verein ist, dass hier auch fast alle meine Freunde spielen und wir so eigentlich fast immer in unserer Freizeit zusammen sind. Außerdem gibt es nichts Schöneres, als gemeinsam zu gewinnen und den Sieg zu feiern. An ein bestimmtes Spiel kann ich mich noch ganz genau erinnern: Da haben wir gegen das Nachbardorf gespielt, die wenige Minuten vor Schluss 2:0 geführt haben und bereits den Meistertitel feierten. Das haben wir ihnen dann aber noch zunichte gemacht, indem wir drei Tore geschossen haben. Fußball spiele ich auch noch bei den Ministranten, daher bleibt mir kaum mehr Zeit für andere Sachen: Ich bin nämlich noch im katholischen Jugendausschuss unserer Pfarrei und unser Aushilfsmesner ...

Lies weiter auf Seite 72!

Anna, 18
Die Turnerin

Ich habe ein ungewöhnliches Hobby: Ich bin Geräteturnerin. Angefangen hat alles bereits vor 13 Jahren im Kindergarten. Seitdem bin ich im Turnverein unserer kleinen Stadt. Mich begeistert immer wieder das Adrenalin, das man spürt, wenn man eine schwierige Übung ausführt oder neue Figuren und Bewegungen lernt. Am liebsten turne ich am Stufenbarren. Meine Spezialfiguren sind der Umschwung und vor allem auch die Kippe. Von der Akrobatik habe ich mich verabschiedet, weil ich mir bei einem heftigen Sturz den Finger gebrochen habe. Seitdem meide ich diese Disziplin eher. Ich trainiere selber zweimal in der Woche und übernehme zusätzlich auch noch einmal das Training für die Kinder. So bleibt mir noch Zeit, um etwas mit meinen Freunden zu unternehmen. Nur hin und wieder fahre ich beim Turnen auch auf Wettkämpfe, je nach Lust, Laune und Zeit. Viel Zeit bleibt mir neben meinem Sport und meiner Ausbildung als Bankkauffrau nicht mehr, weil mein größtes Hobby ist das „Mini"-Team in unserer Pfarrei …

Lies weiter auf Seite 73!

„Mich begeistert das Adrenalin"

„Ich wollte viel mit Menschen zu tun haben"

Dominik, 18
Der Polizist

Ich heiße Dominik. Vor einem Jahr habe ich mein Abitur gemacht. Da ich nicht sofort studieren wollte, habe ich einen Beruf gesucht, der sehr vielseitig ist und bei dem ich mit Menschen zu tun habe. Das habe ich bei der Bereitschaftspolizei in Königsbrunn gefunden. Während der Ausbildung haben wir neben dem Theorieunterricht sehr viel Sport, praktische Einübung des Polizeidienstes oder besondere Übungen wie das Fahr- oder Schießtraining. Auch nach der Ausbildung bleibt der Beruf abwechslungsreich. Zwar sitzt man natürlich auch im Büro und muss „Papierkram" erledigen, aber man hat jeden Tag mit anderen Leuten und neuen Situationen zu tun. Außerdem gibt es viele unterschiedliche Einsatzfelder, die mir offen stehen. Nach der Ausbildung möchte ich zuerst in die sogenannte Einsatzhundertschaft, die dann in ganz Bayern für die Sicherheit bei bestimmten Events wie Fußballspielen oder bei außergewöhnlichen Vorkommnissen eingesetzt wird. Danach würde ich gerne in den Streifendienst. Neben der Vielseitigkeit in der Ausbildung gefällt mir vor allem die Gemeinschaft in unserer Klasse und in der Bereitschaftspolizei. In meiner Freizeit bin ich noch Jugendtrainer beim Ringen, und ich engagiere mich in der Kolpingjugend ...

Lies weiter auf Seite 74!

Niklas, 14
Der Ringer

„Ich investiere fast meine ganze Freizeit in meinen Sport"

Ich bin derzeit in der achten Klasse an einem Gymnasium in Friedberg. Neben der Schule investiere ich fast meine gesamte Freizeit in meinen Sport: Ringen. Als Kind war ich schon immer sehr aufgedreht und aktiv. Als ich mit vier Jahren mit dem Ringen angefangen habe, hatte ich eine Aktivität gefunden, bei der ich mich auspowern konnte. Mit dreimal Training auf der Matte, zusätzlich den Wettkämpfen am Wochenende und Krafttraining bin ich gerade ganz schön ausgelastet. An meinem Sport finde ich viele Sachen toll: Zum einen ist es ein Kampfsport, der aber dennoch fair geführt wird. Es gibt kein Kratzen, Beißen oder Schlagen. Außerdem finde ich den festen Zusammenhalt der Mannschaft super.

Meinen größten Erfolg habe ich 2013 gefeiert, als ich deutscher Meister in der B-Jugend im griechisch-römischen Stil wurde. Wenn ich nicht mit meinen Freunden im Sommer am See „chille" oder im Winter beim Snowboardfahren bin, findet ihr mich bei meinem anderen großen Hobby: Ich bin Ministrant in unserer Pfarrei St. Michael …

Lies weiter auf Seite 75!

STARS

Denzel Washington

„Ich habe immer eine Bibel dabei"

Er ist einer der wandlungsfähigsten Schauspieler seiner Zunft: Mal spielt er einen schwarzen Soldaten im Amerikanischen Bürgerkrieg, der die Gesellschaft der Weißen nicht erträgt, mal wehrt er sich als Football-Trainer gegen den Rassismus der Siebzigerjahre, oder er entpuppt sich als korrupter Polizist in den Elendsvierteln von Los Angeles. Denzel Washington ist einer der besten und erfolgreichsten farbigen Schauspieler aller Zeiten.

Doch so wandelbar er auf der Leinwand auch ist, so geradlinig ist er in seinem Glauben an Gott. „Ich bete mehrmals am Tag. Ich habe immer eine Bibel dabei und lese darin, so oft es geht."

Washingtons Weg zum Filmstar war beschwerlich. Doch seinen Traum, Schauspieler zu werden, verlor er nie aus den Augen. Den Durchbruch schaffte er mit seiner ersten Nebenrolle im Bürgerkriegsdrama „Glory". Seitdem ging es für den Afroamerikaner steil bergauf – bis zum Oscar als bester Schauspieler für seine Rolle in „Training Day". Wichtiger als Ruhm ist für den Schauspieler aber sein Glaube: „Mein Verhältnis zu Gott hält mich bescheiden. Mein Glaube hilft mir zu verstehen, dass äußere Umstände nicht mein Glück bestimmen." Seine Berühmtheit und sein Geld setzt Washington für wohltätige Zwecke ein. Viel Wirbel macht er darum nicht: „Darüber möchte ich nicht sprechen, ich spende eine Menge Geld an verschiedene Kirchen und Institutionen, aber ich mache das sehr diskret."

WORAN WIR GLAUBEN

Vom dreifaltigen Gott bis zum ewigen Leben: Das Apostolische Glaubensbekenntnis ist die wichtigste Zusammenfassung des katholischen Glaubens

Ich glaube an Gott, den Vater, den Allmächtigen, den Schöpfer des Himmels und der Erde …

… und an Jesus Christus, seinen eingeborenen Sohn, unsern Herrn …

Das Glaubensbekenntnis steigt beim Wichtigsten ein: Gott. Wir verehren einen einzigen Gott. Aber er ist für uns gleichzeitig drei

Gott ist der Anfang und gleichzeitig das Ziel unseres Lebens

Personen: der Vater, der Sohn und der Heilige Geist (man spricht von der „Dreifaltigkeit"). Die Bezeichnung „Gott" wird in der Praxis fast nur für die erste Person benutzt: den Vater. Gott, der Schöpfer, bringt uns und die Welt aus dem Nichts hervor. Gott ist damit Anfang, aber er ist zugleich auch Ziel unseres Lebens. Gottes Einzigartigkeit und seine Allmacht können durch nichts geschmälert werden – es gibt nichts, das an Gott heranreicht.

Jesus ist Gottes „eingeborener Sohn", das bedeutet: sein „einzig geborener Sohn". Doch Jesus ist nicht nur der Sohn Gottes, vielmehr ist Jesus selbst Gott: Er ist die zweite göttliche Person. Jesus ist also Gott – aber auch zugleich Mensch. Gott kommt in der Geburt Jesu höchst-

Jesus ist der Sohn Gottes. Er selbst ist Gott und Mensch zugleich

persönlich in die Welt. Enger konnte sich Gott mit seiner Schöpfung nicht verbinden. Zwar hat Gott schon im Alten Testament immer wieder in die Geschichte eingegriffen – doch erst mit der Menschwerdung ist der Höhepunkt seines heilsamen Wirkens erreicht.

Die gesamte Bedeutung ist in der Formel „Jesus Christus" enthalten: Denn Jesus ist der „Christos", der Gesalbte. Er ist der Messias, der für uns in die Welt kam. Gott hat ihn uns in seiner unendlichen Liebe geschenkt, um uns zu retten.

Alles stammt von Gott: Die berühmte Schöpfungsszene von Michelangelo in der Sixtinischen Kapelle

GLAUBE

Am Fuß der weltberühmten Christusstatue von Rio de Janeiro treffen sich im Sommer 2013 Hunderttausende junge Katholiken zum Weltjugendtag

... empfangen durch den Heiligen Geist, geboren von der Jungfrau Maria ...

... gelitten unter Pontius Pilatus, gekreuzigt, gestorben und begraben, hinabgestiegen in das Reich des Todes, am dritten Tage auferstanden von den Toten, aufgefahren in den Himmel ...

Maria war eine junge und einfache Frau aus Nazaret. Mit einem Schlag sollte ihr Leben aus den Angeln gehoben werden. Als ihr der

Maria wird schwanger vom Heiligen Geist – und bleibt Jungfrau

Erzengel Gabriel verkündet, sie würde den Sohn Gottes gebären, ist nichts mehr so wie früher. Die „Gottesmutter" gehorcht Gott demütig und voll Vertrauen. Maria wird schwanger vom Heiligen Geist, nicht etwa von ihrem Mann Josef – sie bleibt Jungfrau. Wichtig ist die Jungfräulichkeit Mariens aus einem besonderen Grund: Nach alter Vorstellung war ein „normal" gezeugtes Kind sofort durch die Erbsünde belastet. Denn diese Schuld Adams, so der Glaube, wird bei der Zeugung weitergegeben. Jesus aber, so heißt es in der Bibel, war den Menschen in allem gleich „ausgenommen der Sünde".

Deshalb empfing Maria den Sohn Gottes durch den Heiligen Geist, Jesus kam ohne Sünde zur Welt. Übrigens: Auch Maria selbst kam ohne Erbsünde zur Welt. Eine vorbelastete Gottesmutter ist schließlich ebenfalls undenkbar. Als Maria gerade schwanger ist, muss sie zur Volkszählung des Kaisers Augustus nach Betlehem. Dort bringt Maria den kleinen Jesus in einem Stall zur Welt – der Sohn Gottes lebt plötzlich unter den Menschen.

Doch nicht lange kann Jesus auf der Welt Gutes wirken. Mit seinen Aufsehen erregenden Predigten und Auftritten ist der Mann aus Nazaret den Mächtigen in Israel ein Dorn im Auge. So wird Jesus durch die Führer der Juden (vor allem die Gelehrten) des Hochverrats und der Gotteslästerung angeklagt. Der römische Statthalter in Jerusalem, Pontius Pilatus, weigert sich zwar zunächst, Jesus zum Tode zu verurteilen. Stattdessen lässt er ihn auspeitschen. Doch das Volk will Jesu Tod. Schließlich beugt Pilatus sich dem

Am dritten Tag geschieht das Wunder der Auferstehung, das wir an Ostern feiern

öffentlichen Druck – Jesus stirbt am Karfreitag den qualvollen Tod am Kreuz. Der entstellte Leichnam wird in ein Grab gelegt. Am dritten Tag geschieht das Wunder der Auferstehung, das wir an Ostern feiern. Jesus erscheint seinen Jüngern und macht ihnen Mut, ihm nachzufolgen. Dann kehrt Jesus zu seinem Vater heim.

Marienfigur im französischen Wallfahrtsort Lourdes

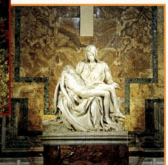

Maria trauert um den toten Jesus, der gerade vom Kreuz genommen wurde: die Pietà von Michelangelo im Petersdom

> ... er sitzt zur Rechten Gottes, des allmächtigen Vaters; von dort wird er kommen, zu richten die Lebenden und die Toten.

Nachdem Jesus seine „Mission" auf Erden vollbracht hat, kehrt er also in den Himmel zurück. Er sitzt nun zur Rechten Gottes, das heißt, er nimmt an der Herrschergewalt seines Vaters teil. Das Auffahren in den Himmel bedeutet somit das Ende seines leiblichen Auftretens auf

Jesus Christus wird zum Weltgericht wiederkommen

Erden. Doch Christus wird eines Tages wiederkommen: Dann beginnt das „Weltgericht". Das klingt erst mal bedrohlich. Doch in Wirklichkeit dürfen wir Christen voller Zuversicht auf das Kommen Jesu warten. Denn am „Jüngsten Tag" wird unsere Erlösung durch Jesu Auferstehung vollendet – erst dann ist das Reich Gottes wirklich da. Die Spannung zwischen „jetzt schon" und „erst noch" ist aufgehoben. Jesus selber erklärt, wieso trotz der Menschwerdung Gottes immer noch Leid die Welt prägt. So sagt er zwar zu den Pharisäern: „Das Reich Gottes ist schon mitten unter euch." Das Reich seines Vaters ist also angebrochen – aber eben noch nicht gänzlich da. Deshalb beten

Jetzt ist das Reich Gottes da – es herrscht endlich Gerechtigkeit

wir ja: „Dein Reich komme". Mit dem Kommen Christi beginnt dann allerdings diese völlig neue Zeit. Jetzt kehrt endlich das ein, was wir noch so schmerzlich vermissen: Gerechtigkeit. Jesus selbst stellt sie als Richter im „Weltgericht" her. Es gilt dabei sein Satz: „Was ihr für einen meiner geringsten Brüder getan habt, das habt ihr mir getan."

Ausschnitt aus dem Jüngsten Gericht, dem prächtigen Fresko von Michelangelo in der Sixtinischen Kapelle

Ich glaube an den Heiligen Geist, die heilige katholische Kirche, Gemeinschaft der Heiligen ...

... Vergebung der Sünden, Auferstehung der Toten und das ewige Leben.

Im Glaubensbekenntnis sind Heiliger Geist und katholische Kirche eng verbunden. Nicht ohne Grund: Denn ohne den Heiligen Geist gäbe es die Kirche nicht. An Pfingsten werden die Jünger

Ohne den Heiligen Geist hätte es die Kirche nicht gegeben

nämlich mit dem Heiligen Geist erfüllt. Sie treten nun plötzlich als selbstbewusste Prediger auf, die die Nachfolge Christi antreten – die Kirche beginnt zu leben. Der Heilige Geist ist die dritte Person Gottes. Er drückt das wahre Wesen Gottes aus: die pure Liebe. Die Kirche begreift sich dabei als „Heilsgemeinschaft". Das ist ein Geschenk, aber auch eine Aufgabe: Zum einen dürfen wir auf die Gnade Gottes bauen. Aber wir müssen dieses Geschenk auch ständig weitervermitteln. Die Kirche muss dabei ein lebendiger Leib sein, und das geht nur durch uns Gläubige. Nichts anderes bedeutet „Gemeinschaft der Heiligen". Denn die meint jeden einzelnen Christen.

Der Kölner Dom ist eine der größten und beeindruckendsten katholischen Kirchen der Welt

Die Sehnsucht nach „ewigem Leben" ist uralt. Doch dabei handelt es sich meist um völlig unterschiedliche Vorstellungen. Viele wollen einfach nicht altern, nicht erkranken, ja für immer auf dieser Erde leben. Das Christentum hingegen klammert sich keinesfalls an das irdische Dasein. Der Tod wird als biologische Grenze akzeptiert. Aber seit Ostern ist der Tod als endgültiges Ende besiegt. Jesus hat sich damals von den Toten erhoben – und uns das ewige Leben geschenkt.

Der Mensch kann zur Ruhe kommen, er hat sein innerstes Ziel erreicht – Gott

Dahinter steckt eine zutiefst optimistische Botschaft: Der Tod ist nicht mehr unser Ende. Wir werden nach der Auferstehung wieder leben. Gott schenkt uns ein neues, ewiges Leben – nicht nur eine Reparatur und Rückkehr unseres alten Körpers. „Ewig" ist daher weniger ein zeitlicher Ausdruck, sondern eine Bezeichnung für eine ganz neue, vollkommene Weise zu existieren. Dieses neue Leben ist aber auch dadurch gekennzeichnet, dass wir aufhören zu sündigen. Wir erkennen die tiefe Geborgenheit und Liebe Gottes – sich dieser Liebe zu verschließen und sich von Gott abzuwenden (das bedeutet nämlich sündigen) verliert jeden „Reiz". Das Ringen um Vorteile ist unnötig geworden.
Der Mensch kann zur Ruhe kommen, er hat sein innerstes Ziel endlich erreicht – Gott.

STARS

Shakira

„Ohne Gottes Kraft hätte ich es nie geschafft"

Am 2. Februar 1977 wurde in Barranquilla (Kolumbien) ein Wunderkind namens Shakira Isabel Mebarak Ripoll geboren. Mit acht Jahren schrieb sie bereits ihren ersten Song. Als sie mit 13 ihren ersten Plattenvertrag unterschrieb, waren ihre Freunde dennoch äußerst überrascht: „Ich durfte nicht einmal in unserem Schulchor mitsingen. Der Chorleiter sagte immer, meine Stimme sei zu aufdringlich und zu stark. Es war ihm unmöglich, den Rest des Chors auf meine laute Stimme abzustimmen." Mittlerweile ist Shakira ein Weltstar und war mit ihrem Song „Waka Waka" das musikalische Aushängeschild der Fußball-Weltmeisterschaft 2010 in Südafrika.
Da Shakira eine Klosterschule besuchte, war Gott in ihrer Kindheit stets für sie präsent: „Ich fand die Nonnen total cool. Der Sonntagsgottesdienst war immer ein wunderbarer Fixpunkt meiner Familie, und ich weiß, dass ich es ohne Gottes Kraft und Hilfe nie geschafft hätte. Ich lebe mit ihm."
Sogar ihre Freizügigkeit auf der Bühne kann Shakira ohne Probleme mit ihrem Glauben vereinbaren: „Ich kleide mich gerne sexy, aber ich bin ein zutiefst altmodisches Mädchen! Ich glaube absolut an Treue und bete vor jedem Auftritt mit meinem Vater."

„Sei besiegelt mit dem Heiligen Geist"

Das Sakrament der Firmung macht aus jungen Christen erwachsene Mitglieder der Gemeinschaft der Gläubigen

7 Sakramente

- Taufe
- Heilige Kommunion
- Buße
- Firmung
- Ehe
- Weihe
- Krankensalbung

Stephanus blieb sein ganzes Leben lang fest bei seinem Bekenntnis zu Christus und wurde dafür gesteinigt.
Laurentius von Rom weigerte sich, die Gelder der Kirche herauszugeben – er starb qualvoll auf einem Feuerrost.
Doch fester Glaube endet natürlich nicht gleich mit dem Tod. Er wird vor allem an kleinen Gesten

Die Firmung ist ein wichtiger Übergang vom Kindsein zum Erwachsenwerden

deutlich. Jeden Tag: Wenn wir den sonntäglichen Messbesuch nicht vor den Freunden vertuschen, stehen wir offen zur Kirche. Wenn wir nicht verschämt mitlästern, sondern selbstbewusst über die christliche Botschaft reden, zeigen wir: „Ich bin Christ!" Sicher, dafür benötigt man Kraft und Courage. Beides bekommt ihr mit dem Sakrament der Firmung. Mit der Firmung tretet ihr neu gestärkt in die Welt.
Die Firmung ist eines der sieben Sakramente. Sie bestätigt unsere Aufnahme in die Gemeinschaft der Gläubigen aus der Taufe und ist für die katholische Kirche ein wichtiger Übergang vom Kindsein zum Erwachsenwerden. Jeder Firmling muss also getauft sein. Nun ist es aber nicht so, dass euch die Firmung einfach so „passiert". Ihr müsst ➔

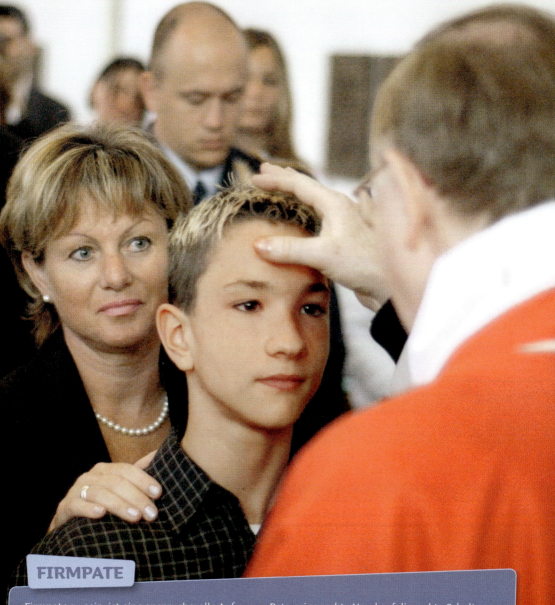

SAKRAMENTE

FIRMPATE

Firmpate zu sein, ist eine anspruchsvolle Aufgabe. Die Lebensführung des Firmpaten soll den christlichen Werten entsprechen. Außerdem muss der Firmpate mindestens 16 Jahre alt sein und selbst schon das Sakrament der Firmung empfangen haben. Bei der Firmung legt der Pate seine rechte Hand auf die rechte Schulter des Firmlings. Damit verspricht er, den Firmling bei seinen ersten Schritten in der christlichen Gemeinschaft zu unterstützen. Die Kirche empfiehlt für dieses Amt übrigens einen alten Bekannten: den Taufpaten.

→ die Firmung auch wollen. In aller Öffentlichkeit empfangt ihr den Heiligen Geist, bekennt den Glauben nun selbst (was bei der Taufe aus verständlichen Gründen noch eure Eltern und Paten getan haben) und widersagt dem Satan.

Eine Kraft, die euch befähigt, den Glauben noch intensiver zu leben

Mit der Firmung seid ihr reife Christen. Ohne Angst für euren Glauben, aber beispielsweise auch für Gerechtigkeit, Mitmenschlichkeit oder unsere Schöpfung einzustehen, das ist ein Zeichen von Reife – hier unterscheidet sich der Erwachsene vom kleinen Kind. Für die Kirche ist schon der getaufte Christ grundsätzlich mündig. Und mit der Firmung wird die schon seit der Taufe vorhandene Mündigkeit weiterentwickelt und bestärkt. Die Bekräftigung steckt schon im Namen: „Confirmare" bedeutet aus dem Lateinischen übersetzt „bestärken". Mit der Firmung erhaltet ihr eine Kraft, die euch dazu befähigt, euren Glauben noch intensiver zu leben.

Woher kommt diese Kraft? Diese geheimnisvolle Kraft kommt vom Heiligen Geist, wie es zum Beispiel in der Apostelgeschichte erzählt wird: „Als die Apostel in Jerusalem hörten, dass Samarien das Wort Gottes angenommen habe, schickten sie

Gewöhnlich spendet der Bischof einer Diözese das Firmsakrament

Petrus und Johannes dorthin. Diese zogen hinab und beteten für sie, sie möchten den Heiligen Geist empfangen. Denn er war noch auf keinen von ihnen herabgekommen; sie waren nur auf den Namen Jesus, des Herrn, getauft. Dann legten sie ihnen die Hände auf und sie empfingen den Heiligen Geist." →

> **CLIQUE**
>
> Jedes Jahr werden rund 175.000 Jugendliche in Deutschland gefirmt. Das sind fast so viele Menschen wie etwa in Saarbrücken leben.

TAUFE

Die Taufe ist das erste Sakrament, das uns Menschen zu Christen macht. Die Bedeutung der Taufe lässt sich mit der Formel „Ohne Kirche keine Taufe, ohne Taufe keine Kirche" weitgehend charakterisieren. Nun stellt die Taufe ja die Aufnahme in die Gemeinschaft der Gläubigen, also in die Kirche, dar. Dabei wird dem Täufling mehr noch als Geld und Kuscheltieren ein besonderes Geschenk gemacht: Gott spendet seine Gnade, er setzt uns auf den rechten Pfad und gibt uns eine Landkarte sowie das nötige Schuhwerk mit – jedoch müssen wir den Weg selbst gehen. Wir haben durch die Taufe Anteil an der Auferstehung Christi und sind nur so von Tod und Erbsünde befreit – aber damit haben wir noch lange keinen Freibrief für unser Leben bekommen. Mit der Taufe sind wir Bruder oder Schwester Christi und Sohn oder Tochter Gottes in einem besonderen Status. Wir werden nämlich durch den Heiligen Geist eng und für immer mit Gott verbunden.

Erstkommunion bedeutet Freundschaft mit Jesus

Taufkerze
Die Taufkerze wird an der Osterkerze entzündet. In der Taufe begegnet Christus dem Kind

Taufkleid
Das Taufkleid ist weiß. Früher trugen es die an Ostern Getauften eine Woche lang bis zum „Weißen Sonntag"

In der Taufe übergießt der Pfarrer das Kind mit Wasser

KOMMUNION

In der Erstkommunion werden die Kinder in die Mahlgemeinschaft mit Gott und der Gemeinde aufgenommen: Zum ersten Mal dürfen sie mit der Hostie den Leib Christi in der Eucharistiefeier empfangen. Durch die Taufe wird ein Mensch in die Gemeinschaft der Gläubigen aufgenommen; diese Beziehung wird durch die Aufnahme in die Mahlgemeinschaft intensiver. Das wird auch im Namen „Kommunion" deutlich: „Communio" kommt aus dem Lateinischen und bedeutet Gemeinschaft.
Papst Benedikt XVI. sagte über seine Erstkommunion: „Da habe ich meine lebenslange Freundschaft mit Jesus geschlossen."

Hostie
Die Hostie ist zentrales Element jeder Eucharistie – und wird in der Wandlung zum Leib Christi

Kleid oder Albe
Kommunionkinder tragen eine Albe (oben links) oder ein weißes Kleid (oben rechts)

EHE

Die unbedingte Liebe, die Christus uns und seinem Vater erwiesen hat, soll in der Ehe nachempfunden und dem Ehegatten dann geschenkt werden. Insofern spenden sich Eheleute selber das Sakrament. Wichtig ist, was der Priester bei der Trauung spricht: „Was Gott verbunden hat, darf der Mensch nicht trennen!"

BEICHTE

Um den Heiligen Geist mit reinem Gewissen empfangen zu können, sollten die Firmlinge vorher zur Beichte gehen. Dabei handelt es sich um einen wichtigen Eckpfeiler: Die Buße oder Beichte ist selbst Sakrament und nimmt eine Sonderstellung ein, weil sie wie etwa die Kommunion (Eucharistie) nicht nur einmalig gespendet wird. Vielmehr sollte der Christ sich immer wieder in der Buße überprüfen und neu auf Gott ausrichten.

Beichtspiegel
Der Beichtspiegel soll der Gewissenserforschung dienen

KRANKEN-SALBUNG

In der Krankensalbung teilt sich Gott dem Menschen mit und gibt ihm die Kraft, die schwere Krankheit durch den Heiligen Geist zu ertragen oder sie sogar zu besiegen und wieder gesund zu werden. Dabei sollen wirklich nur schwerkranke Menschen die Salbung empfangen. Übrigens: Einem Sterbenden wird die Eucharistie, nicht die Krankensalbung, als „Wegzehrung" gespendet.

WEIHE

Das Sakrament der Weihe ist in drei Stufen (Diakonats-, Priester- und Bischofsweihe) unterteilt. In der Weihe findet die „Differenzierung des Gottesvolkes statt" – jeder bekommt seine Aufgabe in der katholischen Kirche zugewiesen.

Zur Weihe legen sich die künftigen Priester flach auf den Boden

Auch heute noch werden den Firmlingen die Hände aufgelegt – und nicht von irgendjemandem. Nachdem in der Firmung die Bindung zur Gemeinschaft der Gläubigen noch enger geknüpft wird, soll dies auch durch einen offiziellen Vertreter der Diözese symbolisiert werden. Der Bischof ist der „ordentliche" Spender des Firmsakraments. Allerdings übernimmt seine Aufgaben in der Praxis oft auch ein Weihbischof, ein Domkapitular oder der Abt eines Klosters. In Ausnahmefällen, zum Beispiel dem nahenden Tod eines erkrankten Christen, firmen auch Pfarrer.

Neben der Handauflegung ist das Kreuz aus Chrisam fester Bestandteil der Firmzeremonie. Der Bischof salbt die Stirn des Firmlings mit den Worten: „Sei besiegelt durch die Gabe Gottes, den Heiligen Geist." Die Firmbewerber tragen nun das Firmmal, das Zeichen des Heiligen Geistes.

Wieso aber sollt ihr euch dieses Mal geben lassen? Ganz einfach: In der Firmung erfährt das persönliche Projekt „Christ sein" einen neuen, entscheidenden Schub. In diesem Sakrament wird die Taufgnade vollendet, ihr werdet nun mit dem Heiligen Geist getauft. Er befähigt euch, Anfechtungen und Bedrohungen standzuhalten. Doch nicht nur die Kraft allein verleiht der Heilige Geist. Ihr erkennt nun auch noch klarer, wo es nötig ist anzupacken – der Heilige Geist wirkt also mehrfach: Zum einen spürt ihr jetzt eure eigene Verantwortung. Zum anderen gibt er euch dann aber auch die Möglichkeiten, dieser großen Verantwortung gerecht

Ängstlich und im Geheimen kann jeder an Jesus Christus glauben

zu werden. Das ist das großartige Geschenk der Firmung, das bedeutet „heilig machende Gnade": Gott schenkt euch die Kraft, im Leben zu bestehen. Er lässt euch nicht alleine. Mit ihm ist das Leben keine „mission impossible". Gott sorgt dafür, dass ihr wirklich in der Lage seid, den ganzen Anforderungen eines christlichen Lebens gerecht zu werden. Aber ihr werdet von nun an auch in die Pflicht genommen. Ihr könnt euch nicht mehr einfach herausreden. Ihr seid jetzt eben keine Kinder mehr, sondern gleichberechtigte Mitglieder in der Gemeinschaft der Gläubigen. Diese Gemeinschaft muss alles versuchen, um unsere Welt so menschenwürdig wie möglich zu gestalten – der Gefirmte übernimmt mit seinem „Amen" dafür Verantwortung.

Das macht die Firmung so reizvoll und herausfordernd: Ängstlich und im Geheimen kann jeder an Jesus glauben. Bei der Firmung dagegen tretet ihr das erste Mal ins Rampenlicht. Wenn ihr öffentlich euren Glauben bekräftigt und Satan abschwört, bricht für euch ein neues Kapitel an. Ihr seid nun eng an Jesus Christus und die Kirche gebunden. Zusammen mit allen Christen nach einem „Reich Gottes auf Erden" zu streben, ist nun eure Aufgabe. Echte, lebendige Kirche braucht euch. ∎

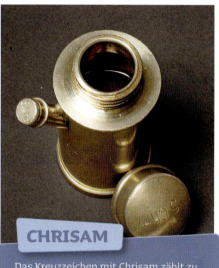

CHRISAM

Das Kreuzzeichen mit Chrisam zählt zu den wichtigsten Symbolen beim Ritual der Firmspendung. Chrisam ist eine duftende Mischung aus Olivenöl und Balsam und heißt: Für dich ist Christus immer da.

10 TIPPS GLÜCK

DIE ZEHN GEBOTE gehören zu den ältesten Lebensregeln überhaupt und garantieren, dass Menschen glücklich leben können. Auch heute noch

Manche Dinge sind ganz einfach: 1 + 1 = 2, zum Beispiel. Anderes ist schon wieder viel komplizierter: die Sache mit der Relativitätstheorie zum Beispiel. Und am schwierigsten überhaupt ist es wahrscheinlich, glücklich zu sein. Nicht nur einen Moment lang, weil mein Schwarm mir gerade seine Liebe gestanden hat. Sondern jeden Tag, immer wieder neu, und auch dann, wenn man vor einem dieser großen Probleme steht, bei denen man nicht weiß, was man tun soll. Zum Glück muss nicht jeder Mensch das Rad neu erfinden. Dafür gibt es die Erfahrung, die wir

Die Zehn Gebote sind schon etwa 3000 Jahre alt

von unseren Vorfahren erben. Vor vielen Jahrhunderten haben sie Werkzeuge aus Steinen hergestellt und das Rad erfunden. Später entdeckten andere das elektrische Licht, das Penicillin und den Computer. Von alldem profitieren wir heute und können uns daran machen, Neues zu erfinden. Ganz genau so ist es mit Ideen und Gedanken. Seit vielen hundert Jahren denken Menschen darüber nach, wie man glücklich werden kann. Jeder Einzelne und auch alle Menschen zusammen. Es gibt eine Sammlung sehr alter und weiser Gedanken zum Thema „glücklich werden", die heute noch funktionieren. Man muss sie natürlich ins Heute übersetzen, weil sie vor etwa 3000 Jahren aufgeschrieben wurden – und damals war das Leben ja wirklich

GLAUBE

FÜR EIN GLÜCKLICHES LEBEN

sehr anders als heute! Diese alte Sammlung von Gedanken, die uns heute helfen können, ein glückliches Leben zu führen, sind die Zehn Gebote aus der Bibel.

„Du sollst keine anderen Götter neben mir haben, du sollst den Namen Gottes nicht missbrauchen, du sollst den Sonntag heiligen …" Klingt nicht gerade nach guten Tipps, die etwas mit deinem Leben zu tun haben? Dann wollen wir mal den Staub von 3000 Jahren abbürsten und schauen, was da an klugen Gedanken darunter verborgen liegt, die wir von unseren Vorfahren geerbt haben!

Der wichtigste Ansatz dabei: Die Zehn Gebote sind direkte Mitteilungen Gottes, er hat sie uns Menschen am Berg Sinai gegeben. Aber hört sich „Gebot" nicht sehr streng an? Werden wir damit nicht ungeheuer eingeschränkt? Nun, es gibt die Vorstellung, Gott würde uns am Ende unseres Lebens ansehen und sagen: „Du hast gegen die Gebote 1, 3 und 10 verstoßen, also ab in die Hölle!" Das ist sicherlich nicht richtig. Gott benötigt kein Instrument, um genau belegen zu können, warum wir in den Himmel

Die Zehn Gebote sind der Wille Gottes

oder die Hölle kommen. Natürlich sind die Gebote auch auf jeden Fall verbindlich, aber vor allem in unserem eigenen Interesse. Die Gebote beschneiden nicht unsere Freiheit – sie garantieren sie. Die Gebote sind der Wille Gottes, weil Gott will, dass wir ein glückliches Leben führen. Die Zehn Gebote helfen uns nämlich, dass die Menschen miteinander auskommen und so am Ende alle am glück-

Die Zehn Gebote helfen, glücklich zu leben

lichsten sind. Wenn ich ein Gebot breche, schade ich anderen und mir selbst! Und umgekehrt: Wenn ich den Sinn verstanden habe, der in den Zehn Geboten steckt, dann tut mir und meinem Umfeld das gut. Wenn man die Gebote ins Heute übersetzt, kommt man auf diese zehn göttlich guten Richtlinien für ein glückliches Leben.

ILLUSTRATIONEN: CARINA SPRINGER

Gott!

1. Gebot

Du sollst keine anderen Götter neben mir haben

Vieles in unserem Leben reißt unsere komplette Aufmerksamkeit an sich. Beim einen ist es die Schule, beim anderen das Hobby, für den nächsten ist es der Freund, der vierte lebt nur für die Party. Man lässt sich ganz aufsaugen, reitet auf der Welle mit – und springt auf die nächste Welle, wenn die andere verebbt. Oder fällt in ein tiefes Loch, weil alles, was dem Leben Sinn gegeben hat, plötzlich verschwunden ist. Das Problem dabei ist nicht, dass man an etwas viel Freude hat oder sich in etwas reinhängt. Ein Problem entsteht dann, wenn der Sinn des Lebens vergänglich ist.
Der Tipp aus dem 1. Gebot heißt daher: Es gibt noch mehr im Leben als das, was dich heute beschäftigt – etwas, das dir ein Leben lang Sinn und Halt gibt, Ruhe und Kraft: nämlich Gott, der dich liebt. Lass dich nicht mit weniger abspeisen! Denn sonst bleibst du hinter dem zurück, was möglich ist – ein dauerhaft glückliches Leben.

2. Gebot

Du sollst den Namen des Herrn, deines Gottes, nicht missbrauchen

Manchmal meint man, ganz genau zu wissen, was Sache ist. Was richtig ist und was falsch, was gut ist und was böse. Und viele Menschen rechtfertigen dies mit Gott: Sie sagen, dies sei sein Wille. Theologen jedoch sagen: Kein Mensch kann Gottes Pläne kennen. Ob Fanatismus oder Kreuzzüge, Terrorismus oder Hexenverfolgung: Immer wenn Gottes Name als Vorwand für menschliche Machtinteressen benutzt wird, ist das ein schweres Vergehen an Gott selbst. Im 2. Gebot steckt demnach folgender Tipp für uns: Glaube nie, dass jemand allein weiß, was genau „Gottes Wille" ist!

3. Gebot

Du sollst den Sonntag heiligen

Jeden Tag steckt man im selben Hamsterrad: Alles ist verplant, Aufgaben hat man ohne Ende, oft genug blickt man gar nicht mehr durch vor lauter Stress. Um aus diesem Hamsterrad auszubrechen, dafür gibt es den Sonntag!
Das ist der Tag, an dem man Atem holen kann. Der Tag, an dem die Uhren langsamer ticken als sonst und man sich etwas gönnen kann, zu dem man sonst nicht die Ruhe hat. Man findet die Zeit, auch einmal innezuhalten und sich auf das Wesentliche zu konzentrieren – im sonntäglichen Gottesdienst denken wir an das Wichtigste: an unseren Schöpfer. Wer immer einen vollen Terminkalender hat, dem kann das 3. Gebot als guter Ratschlag dienen: Gönn dir eine Pause – auch vom Freizeitstress!

FEEL THE SPIRIT

6. Gebot

Du sollst nicht die Ehe brechen

Dieses Gebot zielt auf die Basis jeder Beziehung: Es geht um den Umgang mit einem geliebten Menschen und darum, dass jede Lieb-Losigkeit den Partner und die Partnerschaft verletzt. Es geht also um Liebe – um echte und aufrichtige Liebe. Jene Liebe, die Papst Johannes Paul II. so beschrieb: „Man kann nicht auf Probe leben. Man kann nicht auf Probe sterben. Und man kann einen Menschen auch nicht auf Probe lieben." Das 6. Gebot in den Worten des Dichters Antoine de Saint-Exupéry: Du bist zeitlebens verantwortlich für das, was du dir vertraut gemacht hast!

5. Gebot

Du sollst nicht töten

In diese Situation kommt man ja glücklicherweise selten, dass man jemanden umbringen möchte. Aber das 5. Gebot bezieht sich durchaus auf mehr: Es fordert eine grundsätzliche Achtung des Lebens. Das heißt: Liebe das Leben und übernimm Verantwortung dafür! Das beginnt im Kleinen mit einem Tier, das man vor dem Überfahren rettet, meint aber zum Beispiel auch Todesstrafe, Abtreibung und Euthanasie. Auf unsere heutige Lebenssituation übertragen bedeutet das 5. Gebot als Tipp: Das Leben ist ein Wunder – sei gut zu ihm!

4. Gebot

Du sollst Vater und Mutter ehren

Kein Mensch ist perfekt: kein Erwachsener und auch kein Jugendlicher. Wenn es also mal wieder knirscht zwischen Eltern und Kindern, dann kann es eine Hilfe sein, sich dessen bewusst zu werden: Jeder macht Fehler. Und deshalb sollte man nicht immer nur auf andere Fehler deuten. Stattdessen soll man sich mal ins Bewusstsein rufen, dass hinter dem Tun der Eltern die Sorge um ihre Kinder steckt. Auch wenn die manchmal als Kontrolle oder Druck ankommt, kann man den allermeisten Eltern getrost unterstellen: Sie wollen nur das Beste! Dafür darf man sich ruhig auch mal bedanken. Das meint das 4. Gebot: Behandle deine Eltern mit Liebe und Dankbarkeit, denn sie haben dich auf die Welt gebracht!

FEEL THE SPIRIT

7. Gebot

Du sollst nicht stehlen

Jemandem etwas wegzunehmen bedeutet immer: ihm zu schaden. Das mag nicht immer ganz so offensichtlich sein, zum Beispiel, wenn man in einem großen Kaufhaus etwas mitgehen lässt. Aber hinter jedem Ding steht ein Mensch, der dafür gearbeitet hat, dass es ihm gehört. Unsere Gemeinschaft funktioniert nur, wenn jeder sich darauf verlassen kann, dass sein Besitz auch seiner bleibt. Und das klappt nur, wenn sich jeder daran hält! Außerdem schadet man sich selbst mit einem Diebstahl oft am meisten: Wird man nämlich erwischt, hat man sofort einen Ruf weg und wird noch jahrelang für alles verdächtigt, was passiert ist. Der gute Tipp des 7. Gebots: Was du nicht willst, das man dir tu, das füg auch keinem anderen zu! Deshalb: Achte das Eigentum anderer – und schütze damit auch deine eigene Zukunft!

8. Gebot

Du sollst kein falsches Zeugnis geben gegen deinen Nächsten

Wenn man mal ganz ehrlich ist, muss man gestehen, dass jeder von uns jeden Tag ein paar kleine Notlügen gebraucht – vielleicht auch nur, um sein Gegenüber nicht zu verletzen. Denn Ehrlichkeit kann manchmal ganz schön wehtun. Und trotzdem: Im Grunde geht es darum, ob ich zu mir selbst stehe und zu dem, was ich meine – und ob ich bereit bin, mich mit meinem Gegenüber wirklich auseinanderzusetzen, statt mich durch eine schnelle Flunkerei aus der Affäre zu ziehen. Das 8. Gebot kann uns also heute die Mahnung sein: Stelle dich der Wahrheit!

9. + 10. Gebot

Du sollst nicht begehren deines Nächsten Frau. Du sollst nicht begehren deines Nächsten Hab und Gut

Etwas begehren heißt, etwas haben zu wollen, was man nicht hat. Es kommt auf den richtigen Umgang mit dem Begehren an: nicht dem anderen schaden, damit es ihm schlechter geht, sondern lernen zu verzichten. Die beiden letzten Gebote geben uns den Tipp: Gönne dem anderen, was er hat, und mache selbst das Beste aus dem, was dir gegeben ist!

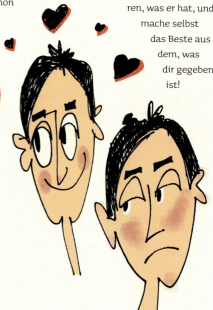

STARS

David Alaba

„Leben ohne Gott ist wie Fußball ohne Ball"

Euphorisch reißt er sein Trikot über seinen Kopf. Darunter kommt ein T-Shirt mit der Aufschrift hervor: „Meine Kraft liegt in Jesus". David Alaba hat gerade mit Bayern München das Finale der Champions League 2013 gewonnen und zeigt jetzt aller Welt, wer für ihn wichtig ist: „Ich habe Gott sehr viel zu verdanken." David Alaba, Linksverteidiger des deutschen Rekordmeisters, ist der Fußballer des Jahres 2011 und 2012 in Österreich. Dabei ist der gebürtige Wiener erst 21 Jahre alt und aus der Mannschaft des Triple-Gewinners sowie der österreichischen Nationalmannschaft nicht mehr herauszudenken. Immerhin war er bereits mit 15 Jahren im Profikader von Austria Wien und bereits 2008 beim FC Bayern unter Vertrag. Die starke Verwurzelung im Glauben bekam er schon als Kind mit: „Meine Eltern haben mich so erzogen. Ich bin ein sehr gläubiger Mensch", erzählt der Sohn eines Nigerianers und einer philippinischen Mutter. Aber nicht nur seine steile sportliche Karriere ist für einen so jungen Menschen bemerkenswert. Auch das offene Bekenntnis zu seinem Glauben macht den Österreicher so sympathisch und zeigt sein Selbstbewusstsein. Er geht damit normalerweise nicht hausieren, jedoch wollte er beim größten Triumph in seiner noch jungen Karriere die Gelegenheit nutzen und zeigen, was er fühlt. David Alaba kann sich ein Leben ohne seinen Glauben nicht vorstellen. So betont der Kickerstar: „Ein Leben ohne Gott ist wie Fußball ohne Ball!"

Draht zu Gott

Thomas Maria Renz
ist Weihbischof
in der Diözese
Rottenburg-Stuttgart

Manche beten, wenn es ihnen schlecht geht. Andere beten, um „Danke" zu sagen. Und alle tun es auf ganz unterschiedliche Weise. Wir sprachen mit Schülern über das Beten, einige Antworten kommentiert der Stuttgarter Weihbischof Thomas Maria Renz

Gott ist kein Feuerwehrmann

Beten ist lebendiger Ausdruck einer Beziehung zwischen Zweien, denen diese Beziehung wichtig ist. Wenn mich der andere nicht mehr interessiert, dann ist diese Beziehung fast schon tot. Auf meine Beziehung zu Gott übertragen heißt das: Ich trete nicht nur mit ihm in Kontakt, wenn ich in Not bin, sondern bemühe mich um einen ständigen Draht zu ihm. Wenn ich nur in Notzeiten mit Gott rede, ist er nicht viel mehr als ein Feuerwehrmann. Zur Feuerwehr pflege ich kein Freundschaftsverhältnis, sondern eine Zweckbeziehung. Gott will aber keine Zweckbeziehung mit uns, indem er uns in der Taufe als seine Söhne und Töchter annimmt, sondern eine Freundschaftsbeziehung. Jesus sagt zu den Jüngern und damit auch zu uns: „Ihr seid meine Freunde" *(Joh 15,14a)*. Ein Freund ist aber nicht nur für mich da, wenn's brennt, sondern immer und überall.

„Ich sage Gott, wenn mir etwas mal nicht gepasst hat!"
Corina erzählt im Gebet auch ihre Zweifel

?: Warum betet ihr?

Niki: Beten ist ein wichtiger Teil meines Lebens. Es gibt mir eine gewisse Kraft, wenn ich nicht mehr weiter weiß. Ich bete zum Beispiel immer dann, wenn in der Schule eine schwierige Prüfung ansteht.

Edo: Ich bin da das genaue Gegenteil! Jeden Abend vor dem Schlafengehen danke ich Gott. Wieso soll ich nur beten, wenn es schlecht läuft? Gott soll sehen, dass ich mich auch in guten Zeiten an ihn wende. Manchmal denke ich aber: „Jetzt habe ich etwas gut bei ihm."

Agnes: Oft sagt man ja in total unwichtigen Situationen einfach so: „Oh mein Gott." Das ist aber nicht Beten, das ist schon fast ein wenig respektlos.

Georg: Immer wenn ich bete, →

BETEN

„Beten gibt mir Kraft in Situationen, in denen ich nicht mehr weiter weiß!"

Niki wendet sich nur in ganz bestimmten Notlagen an Gott

→ muss ich mich erst mal dafür entschuldigen, dass ich erst jetzt bete. In schlimmen Zeiten betet wohl selbst ein ungläubiger Mensch.
Agnes: Das sieht man ja auch bei den Schwerverbrechern.
Simone: Ich bete nicht jeden Tag. Aber als ich meine Abschlussprüfung bestanden habe, habe ich zuerst ganz laut „Danke!" gesagt und später eine Kerze angezündet.
Nicole: Beten ist für mich etwas ganz Intimes. Es hilft, zu sich selbst zu finden. Als mein Vater und meine Oma gestorben sind, habe ich plötzlich angefangen, öfter zu beten. Das hat mir geholfen, diese Situation zu überwinden. Das ist wie mit einem großen Kummerkasten.
Agnes: Ich sehe es so: Man wird ruhiger beim Beten, hat keinen Stress, und macht alles nur mit sich selbst und Gott aus.

?: Werden eure Wünsche beim Beten erhört?
Edo: Auch wenn ich bete, muss ich trotzdem etwas tun. Sonst bekommt man genauso eine 6 in der Schulaufgabe – nur halt viel ruhiger als vorher.
Nicole: Meine Nachbarin hatte Lungenkrebs. Obwohl die Ärzte ihr keine Chance mehr gaben, betete sie für ihre Gesundheit und wurde geheilt. Ihr hat Beten also sehr viel gegeben.
Simone: Man findet oft eine Lösung, weil man sie sich beim Beten fest vorstellt.
Georg: Dass Beten hilft, hat ja auch das Fach „Neurotheologie" herausgefunden. Man hat gesehen, dass das, was sich im Gehirn beim Beten abspielt, in den meisten Religionen genau gleich ist. Egal ob man nun richtig betet wie ein Christ oder meditiert wie ein Buddhist.

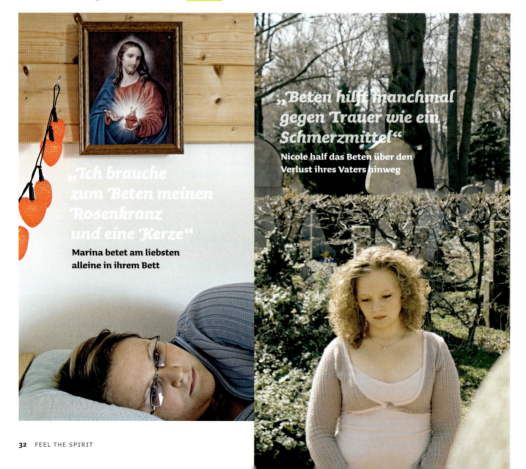

„Ich brauche zum Beten meinen Rosenkranz und eine Kerze"
Marina betet am liebsten alleine in ihrem Bett

„Beten hilft manchmal gegen Trauer wie ein Schmerzmittel"
Nicole half das Beten über den Verlust ihres Vaters hinweg

Der Tod ist nicht die größte Katastrophe

Sicherlich finden wir normalerweise so viel Grund zum Danken wie zum Klagen. Wenn Menschen aber nur klagen über das Fehlende, verlieren sie leicht den Blick für das Beschenktsein trotz aller Not. Sicherlich kann die Not, die Menschen erleiden, so groß und unverständlich sein, dass sie diese nur noch vorwurfsvoll Gott entgegenhalten können. Letztlich finden wir keine wirklich befriedigende Antwort auf die Frage nach dem Sinn sinnlosen menschlichen Leidens, aber wir dürfen dieses dem Gekreuzigten bringen, wo alles Leid dieser Welt gut aufgehoben ist. Am Karfreitag bekennen wir deshalb: Im Kreuz ist Heil, im Kreuz ist Hoffnung, im Kreuz ist Leben, im Kreuz ist Auferstehung! Jesus gibt uns echten Trost, indem er uns versichert: „Ich bin die Auferstehung und das Leben. Wer an mich glaubt, wird leben, auch wenn er stirbt, und jeder, der lebt und an mich glaubt, wird auf ewig nicht sterben" *(Joh 11,25-26)*. Weil uns Jesus durch den Tod ins österlich-neue Leben vorausgegangen ist, kann der Tod nicht die größte Katastrophe unseres Lebens sein. Für gläubige Menschen ist der Tod: ein Hinübergehen von diesem bruchstückhaften Leben in das volle Leben Gottes.

Ein einfaches „Danke" ist manchmal auch schon ein echtes Gebet

Corina: Für mich ist Beten außerdem ein ungeheurer Aggressionsabbau. Ich lasse da hin und wieder ganz schön Frust ab. Ich sage Gott dann einfach mal „ins Gesicht", was mir passt und was nicht. Ich sage ihm auch, wenn ich heute wieder an ihm gezweifelt habe.

?: Und wenn das Beten nicht hilft?
Nicole: Ich habe auch schon oft gezweifelt. Ich frage mich zum Beispiel, warum Gott Menschen sterben lässt, die nichts verbrochen haben. Warum nimmt Gott die Menschen, die wir lieben?
Simone: Als mein Opa an einem Gehirntumor starb, musste er sehr leiden. Da habe ich auch stark gezweifelt.
Marina: Aber wir haben auch oft Gründe, „Danke" zu sagen.
Edo: Das stimmt. Wieso schieben wir eigentlich alles Schlechte auf Gott?
Niki: Es liegt viel an uns. Durch die Medizin erhalten wir viele länger am Leben. Deshalb ist ihr Leidensweg oft länger.
Marina: Als meine Oma starb, wollten die Ärzte noch eine Notoperation machen. Aber sie sagte: Nein, heute gehe ich zum „Papi". Sie wollte nicht länger bleiben und leiden. Sie starb mit einem Lächeln auf dem Gesicht.
Simone: Mir erging es ähnlich, als eine Freundin bei einer Krebsoperation Wasser in die Lunge bekam und ihr Gehirn mit Sauerstoff unterversorgt wurde.
Edo: Ich komme aus Kroatien. Wenn ich einmal dort bin, besuche ich oft das Grab meiner Uroma. Da gibt es auch sehr viele Soldatengräber, mit einem großen Kreuz. Dort bete ich für die Soldaten. Manche waren erst 18 Jahre alt, als sie im Krieg fielen. Ich sage dann: „Danke, dass ihr unser Land befreit habt!" und zünde eine Kerze an.

?: Was haltet ihr vom gemeinsamen Beten mit anderen Gläubigen in der Kirche?

Viele beten nur, wenn sie Sorgen haben. Warum eigentlich?

SMS an Gott

Das Gebet als persönliche Zwiesprache zwischen mir und Gott hat ebenso seine Berechtigung wie das Gebet in der Gemeinschaft. Aber das eine darf nicht gegen das andere ausgespielt werden. Es gibt für jeden Menschen Zeiten, in denen er persönlich mit Gott reden muss, sozusagen „unter vier Augen". Dann aber machen wir auch die Erfahrung, dass das Gebet stärker wirken kann, wo sich zwei oder drei im Namen Jesu versammeln. Für katholische Christen ist besonders die sonntägliche Feier der Heiligen Eucharistie Herzstück ihres Glaubens, weil ihnen hier der lebendige Gott auf unüberbietbare Weise begegnet. Dieser Dichte und Realität an Gottesbegegnung kommt kein auch noch so intensives persönliches Gebet nahe. Freilich ist es auch wichtig, dass wir einen Schatz an Gebeten für den Alltagsgebrauch haben: eine „eiserne Reserve" für den Fall, dass uns die Worte fehlen. Dann ist es gut, wenn wir einen Fundus an Gebeten haben, auf den wir spätestens dann zurückgreifen können. Zum Beispiel das Vaterunser, das die wichtigsten Bitten enthält. Oder sogenannte „Stoßgebete", die in aller Kürze zu Gott gesprochen werden können. Und diese modernen „Stoßgebete" brauchen nicht länger zu sein als eine SMS.

→ **Georg:** Beten in der Kirche ist viel schwerer. Manchmal komme ich mir fast heuchlerisch vor, weil ich so selten in die Kirche gehe und dann gleich groß mitbete. Dann bete ich schon lieber zu Hause in meinem Zimmer.

Niki: Was mir während dieser Diskussion aufgefallen ist: Beten beschäftigt sich ja anscheinend viel mit dem „Tod", oder?

Georg: Nein, Beten hat im Gegenteil mit dem Leben zu tun! Ich bete immer nur für mich oder für andere. Aber jedenfalls immer für Leute, die noch leben.

Nicole: Im Beten lebt Gott in uns weiter. Es hilft manchmal wie ein Schmerzmittel, wenn du um jemanden trauerst.

Georg: Der Tod ist ja auch das Ende des Lebens.

Marina: Für mich ist der Tod überhaupt nicht das Ende. Meiner Oma haben wir alle noch Briefe in den Sarg gelegt, damit sie weiß, was sie im Himmel alles zu tun hat. Es kommt nämlich dann das Schönste, was es gibt. Am Glaube kann ich mich immer wieder hochziehen. Zum Beispiel wenn ich es noch geschafft habe, mein Auto nicht in den Graben zu setzen. Dann halte ich das Kreuz an meiner Kette fest und sage: Danke!

Edo: Ich habe auch einmal fast einen Unfall gebaut. Da habe ich mein Kreuz geküsst und mich im Auto bekreuzigt. Das Fassen an das Kreuz ist dann auch schon eine Art Beten.

?: Was betet ihr und wie seht ihr dabei aus?

Corina: Ich bete gern das Vaterunser. Allerdings finde ich die Stelle schlimm, wo man seinen Schuldigern vergibt. Das fällt mir sehr schwer, wenn ich sehe, was es für Verbrecher gibt. Natürlich sage ich mir dann immer, die waren auch mal unschuldige Babys, und die hatten auch eine Mama. Aber es bleibt dennoch sehr schwer für mich.

Marina: Wenn ich bete, liege ich im Bett und habe meine Augen zu. Ich bete das Vaterunser, das Ave Maria und ein Gebet an die heilige Martha. In einem Gebet kommt eine Stelle vor, an der ich die Sorgen nennen kann, die mich im Moment bedrücken. Die zähle ich dann sogar meistens laut auf. Und wenn es mir richtig schlecht geht, unterhalte ich mich auch einfach nur mit Gott.

Agnes: Vorgegebene Gebete wie das Vaterunser kann ich laut beten. Persönliche Sachen bete ich lieber leise.

„Ihr habt unsere Heimat befreit!"
Edo dankt oft den gefallenen kroatischen Soldaten

Edo: Wenn ich vor dem Kreuz in Zagreb stehe, stehe ich meist mit gebeugtem Kopf und gefalteten Händen da. Stehen ist doch viel respektvoller.
Niki: Ich schaue manchmal einfach nur in den Himmel hoch. Es kann auch passieren, dass ich bete, wenn ich abends an einem See stehe und auf den Horizont blicke. Auf die Knie falle ich nur, wenn ich sehr verzweifelt bin.
Corina: Ich bete immer abends im Bett mit gefalteten Händen. Manchmal ist es schon passiert, dass ich morgens aufgewacht bin und ganz steife Finger hatte, weil ich mit gefalteten Händen eingeschlafen bin.
Nicole: Ich bete meistens für andere. Dafür, dass meiner Zwillingsschwester und Mutter nichts passiert. Und dafür, dass es meinem Vater und meiner Oma im Himmel gut geht.
Agnes: Ich denke, Menschen, die mit Gott eins sind, würden generell niemals um etwas Materielles beten.

Corina: Wenn ich bete, ist das wie in einer Telefonzelle. Ich habe dann Gott schon oft gefragt, ob ich gut geworden bin. Ich versuche nämlich immer, ein guter Mensch zu sein und zum Beispiel allen Bettlern zu helfen oder den Leuten in der Dritten Welt. Selbst im Urlaub in Italien fand ich es schrecklich, dass ich nicht alle vernachlässigten Hunde mitnehmen konnte. Als ich den Film „Passion Christi" gesehen habe, hatte ich ein furchtbar schlechtes Gewissen und dachte mir: Oh Gott, warum ist das so geschehen?

Agnes: Mir erging es ähnlich, als wir mit der achten Klasse im Konzentrationslager Dachau waren. Auf dem Rundgang habe ich ständig gebetet und erst dann wieder aufgehört, als wir endlich wieder in die S-Bahn gestiegen sind. Durch das Beten habe ich all die schrecklichen Bilder verarbeitet, die ich sonst kaum hätte ertragen können.
Marina: Ich auch. Neben meinem Bett gibt es eine Ecke, in der Bilder von Herz-Jesu und einem Schutzengel stehen. Dort liegt auch ein Rosenkranz, und manchmal zünde ich Kerzen an. Diese Sachen brauche ich alle, um gut beten zu können.
Nicole: Meine Tante hat auch so einen Altar, vor dem sie betet. Und mein Freund, der Moslem ist, hat immer Gebetsperlen statt eines Rosenkranzes mit. ■

Das Vaterunser

Vater unser im Himmel,
geheiligt werde dein Name.
Dein Reich komme,
dein Wille geschehe,
wie im Himmel so auf Erden.
Unser tägliches Brot gib uns heute.
Und vergib uns unsere Schuld,
wie auch wir vergeben
unseren Schuldigern.
Und führe uns nicht in Versuchung,
sondern erlöse uns von dem Bösen.

Liebe,

Das alles finden Jugendliche beim Beten. Vier Mädchen und Jungs stellen ihre Lieblingsgebete vor

Ein Mensch sieht, was vor Augen ist; der Herr aber sieht das Herz an

Dieser Spruch 1. Sam 16,7 ist mein Lieblingsspruch. Ich habe ihn das erste Mal gelesen, als ich mir einen Spruch aus der Bibel aussuchen sollte. Dieser Spruch gefiel und gefällt mir am besten, denn ich finde, dass er stimmt, er bringt die Wirklichkeit rüber. Ich denke, jeder Mensch sieht erst das, was vor den Augen ist.

Der äußere Eindruck entscheidet darüber, ob ich den Menschen kennen lernen will oder ob ich ihm eher aus dem Weg gehe. Manchmal ist es aber auch nicht möglich, einem anderen Menschen aus dem Weg zu gehen, man muss es miteinander aushalten, in der Klasse, im Verein ... Und immer wieder passiert es, dass man feststellt, dass der auf den ersten Blick so Unsympathische ein ganz lieber Mensch ist.

Im Gegensatz zu den Menschen sieht Gott sich zuerst das Herz an, ihm ist egal, wie der Mensch aussieht, was er für Kleider anhat, wie er sich bewegt und so weiter, Gott kommt es auf die inneren Werte an. Auch wir Menschen sollten den ersten Eindruck von einem anderen Menschen nicht für absolut halten, sondern auf das nähere Kennenlernen neugierig sein. Irgendwann sind dann Äußerlichkeiten nicht mehr so wichtig. Wir sehen den wahren Wert des anderen mit dem Herzen.

Christine (16)

Loslösen

Wenn du dich loslösen kannst von allen Sorgen, die dich bedrücken, wenn du lachst und wieder so richtig von innen fröhlich bist, wenn du alle Steine, die auf deinem Wege liegen, wegräumst und aufräumst, dann ist Ostern – mitten im Alltag.

(aus: „Fit für Gott. Texte und Gebete junger Christen. Pattloch Verlag)

Ich könnte mir vorstellen, dass viele Jugendliche wie ich dieses Gebet beten, weil sie oft Nöte im Alltag haben. Sie können dadurch alle Sorgen des Alltags beiseite legen. Sie finden Stille. Sie können fröhlich sein, indem sie lachen. Sie können ihren schweren Weg meistern. Einfach still sein, in der Hektik des Alltags. In unserem Alltag brauchen wir Stille, Zeit zum Ausruhen. Sie können lachen, allen Ärger vergessen. Den steinigen Weg des Alltags, den wir oft gehen müssen, vergessen und hinter uns lassen. Loslassen kann man hier, immer wenn man Zeit hat. Fröhlichkeit kommt von innen, denn hier kann man still sein. Die Sorgen des Alltags vergessen und einfach wegräumen, damit man sich wieder auf das Wesentliche konzentrieren kann. Auf das, was im Leben wirklich zählt: Ruhe und die Frage: Was bin ich? Was will ich sein? Ostern im Leben, das zählt.

Sebastian (13)

BETEN

Kraft, Stärke und Mut

Der HERR ist mein Hirte,
mir wird nichts mangeln.
Er weidet mich auf
einer grünen Aue
und führet mich zum
frischen Wasser.
Er erquicket meine Seele.
Er führet mich auf rechter Straße
um seines Namens willen.
Und ob ich schon wanderte
im finstern Tal,
fürchte ich kein Unglück;
denn du bist bei mir,
dein Stecken und Stab
trösten mich.
Du bereitest vor mir einen Tisch
im Angesicht meiner Feinde.
Du salbest mein Haupt mit
Öl und schenkest mir voll ein.
Gutes und Barmherzigkeit
werden mir folgen
mein Leben lang,
und ich werde bleiben im Hause
des HERRN immerdar.

Ich habe den Psalm 23 gewählt, weil er mir sagt, dass Gott immer bei mir ist. Er sagt mir, dass Gott mich behandeln will wie ein Tier in einer Herde, das nicht verloren gehen darf. Er gibt mir alles, was ich zum Leben brauche. Er zeigt mir, dass ich keine Angst haben muss, weil Gott mir beisteht und mir hilft, egal was passiert und was ich getan habe. Er tröstet mich, wenn es mir mal nicht so gut geht. Er gibt mir Essen und Trinken, damit ich leben kann. Das Einzige, was man dazu tun muss, ist, Gott zu versprechen, dass man immer an ihn glaubt.

Bianca (13)

Morgengebet

Wir schenken dir, Herr,
diesen beginnenden Tag.
Lass uns denen helfen,
die zu uns kommen,
denn du bist es, der kommt.
Lass uns eins sein mit
allen Brüdern und Schwestern,
die hinausgehen,
dein Halleluja zu leben.
Lass uns zart, liebevoll, offen sein
und bereit,
jede Form deines Willens
anzunehmen.
Lass uns lachend im Leben stehen,
denn du bist das Leben.
Lass uns Vertrauen schenken
in die Erde und in den Himmel.
Lass uns alles ablegen, was nicht du bist
und deine Kinder, die Menschen.
Lass unsere Liebe klar sein
durch die Gnade des Vaters,
des Sohnes
und des Heiligen Geistes.
Amen.

Dieses Gebet spricht mich an, weil es als guter Start und Anfang in den Tag dienen soll. Die Menschen beten dieses Gebet, damit Gott gleich zu Beginn des Tages bei ihnen ist. Er soll uns in allem beistehen, auch bei schwierigen Situationen. Man bekennt bei diesem Gebet schon morgens, dass man zu Gott steht, ihn ehrt und an ihn glaubt. Sehr viele Menschen beten schon morgens und auch abends, zum Ende des Tages. Es schenkt Kraft, schon so früh zu Gott zu sprechen über Probleme und Sorgen, die wir haben. Dieses Gebet soll Liebe, Kraft, Stärke und Mut für den Tag geben.

Sarah (13)

Das ist unser Papst!

Seit März 2013 ist Kardinal Mario Bergoglio Papst Franziskus und damit das weltweite Oberhaupt der katholischen Kirche. Doch wer ist dieser Mann im Vatikan? Porträt des ersten südamerikanischen Papstes

NAME

Noch nie hat sich ein Papst Franziskus genannt, zu groß schien das Vorbild des Franz von Assisi. Dieser Papst hat es gewagt und hält wie der „Poverello" zu den Armen und Schwachen.

HEIMAT

Seine Familie stammt aus dem Piemont, Franziskus spricht den Dialekt. Ansonsten ist er Argentinier durch und durch. Er liebt den Tango und ist Fan eines Fußballclubs von Buenos Aires.

VORBILD

Der heilige Ignatius, Gründer der Jesuiten, des Orden, dem der Papst angehört. Aber Franziskus bewundert auch den Jesuiten Franz Xaver. Als er noch jünger war, wollte er wie Franz Xaver Missionar werden. Und: Er schätzt seinen Vorgänger sehr: Er bewundere die „Weisheit und Bescheidenheit" Benedikts XVI.

JUGEND

Mario Bergoglio wurde am 17. Dezember 1936 in Buenos Aires geboren. Er wuchs mit zwei Brüdern und zwei Schwestern auf. Die Bergoglios führten kein reiches, aber auch kein armes Leben. Mario war ein guter, aber kein überragender Schüler. Eine besondere Leidenschaft hat er für klassische Musik, seine Mutter hörte Opern mit ihm. Nach der Schule machte er eine Lehre, ehe er am 21. September 1953 ein Berufungserlebnis hatte, das ihn überzeugte, Priester zu werden.

KARRIERE

Mario Bergoglio hat zunächst bei den Jesuiten Karriere gemacht. 1958 eingetreten, stieg er in Argentinien bis zum Provinzial auf, so nennt man die „Länderchefs". Ab 1980 leitete Bergoglio sechs Jahre die Theologische Fakultät von San Miguel. 1992 wurde er Weihbischof und 1998 Erzbischof von Buenos Aires, drei Jahre später sogar Kardinal.

Das gab es noch nie: ein Foto mit zwei Päpsten. Hier besuchte Franziskus seinen Vorgänger Benedikt XVI.

HEILIGER VATER

LEISTUNGEN
Franziskus hat schnell erreicht, dass viele die Kirche wieder positiver sehen. Die Armen sind ihm wichtig, und so lebt der Papst auch. Er ist sehr bescheiden und das macht ihn sympathisch.

Papst Franziskus lächelt viel und umgibt sich gern mit Menschen

WELTJUGENDTAG
Seine erste Auslandsreise führte ihn, wie seinen Vorgänger auch, zum Weltjugendtag. Der fand in Brasilien statt und war ein toller Auftakt für Franziskus. Der erste südamerikanische Papst kam bei seiner ersten Reise nach Südamerika: Besser ging es nicht!

REKORDE
Franziskus ist der erste Jesuit und der erste Südamerikaner, der Papst geworden ist. Außerdem ist er der erste mit diesem Namen.

Papst-Fakten

Der Fels
Nach Jesu Tod wurde Simon Petrus erster Papst: „Auf diesen Felsen werde ich meine Kirche bauen"

Der zweite Papst
Linus hieß der erste Nachfolger Petri. Damit war er der zweite Bischof von Rom

Der ehemalige Papst
Benedikt XVI., der Papst aus Deutschland, ist erst der zweite Papst, der freiwillig von seinem Amt zurückgetreten ist – am 28. Februar 2013

Der Teenie-Papst
Octavian von Spoleto war noch nicht einmal 18 Jahre alt, als er 955 n. Chr. Papst wurde

Der Marathon-Papst
Pius IX. war fast 32 Jahre Pontifex und verkündete das Dogma von der Unfehlbarkeit des Papstes

So lebt der Papst im Vatikan

Rund 500 Einwohner beherbergt der kleinste Staat der Welt, der wohl als einziger fast vollständig von einer Mauer umschlossen ist

1 Hubschrauberlandeplatz
Rom auf dem Landweg zu verlassen, kann eine Strapaze sein. Der schnellste Weg nach draußen ist der gen Himmel

2 Gouverneurspalast
Die Verwaltung. Staatschef ist der Papst – in seinem Auftrag führt der Kardinalstaatssekretär die Geschäfte

3 Bahnhof
Als der Vatikan 1929 ein eigener Staat wurde, hielt man einen Bahnhof für unerlässlich. Doch tatsächlich wurde er kaum genutzt. So wurde er später zu einem Kaufhaus umgebaut – nur für Vatikan-Mitarbeiter

4 Petersdom
Über dem Grab Petri wurde im 4. Jahrhundert eine Basilika gebaut, die durch mehrere Neubauten heute zur mächtigsten Kathedrale der Welt geworden ist. Die Päpste werden in der Krypta unter dem Dom begraben

5 Audienzhalle
Der jüngste Teil des Vatikans, 1971 fertiggestellt. Hier empfängt der Papst im Winter oder bei großer Hitze bis zu 12.000 Gäste

6 Glaubenskongregation
Die Nachfolgerin der Heiligen Inquisition, die „Kongregation für die Glaubenslehre", hat ihren Sitz im Palast des Heiligen Offiziums. Dies war über 20 Jahre der frühere Arbeitsplatz Papst Benedikts XVI.

VATIKAN

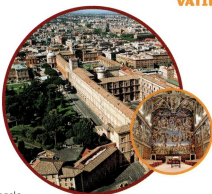

7 Vatikanisches Geheimarchiv
Bücher und Akten aus vielen Jahrhunderten lagern hier – ein Schatz für Historiker

9 Sixtinische Kapelle
Die Hauskapelle des Papstes, mit atemberaubenden Fresken unter anderem von Botticelli und Michelangelo

10 Kaserne der Schweizergarde
Kurz nach 1500 beauftragte Papst Julius II. die Schweizer Soldaten mit der Verteidigung des Vatikans. Noch heute sind sie die Leibwache des Papstes

11 Petersplatz
Die „Kolonnaden", die beiden halbkreisförmigen Säulengänge, sollen die Gläubigen auf dem Platz aufnehmen wie „mütterlich ausgebreitete Arme", soll der Architekt Gian Lorenzo Bernini gesagt haben, als er sie im 17. Jahrhundert entwarf. Der Platz fasst weit über 200.000 Menschen

8 Apostolischer Palast
Ganz oben gibt es eine Wohnung für den Papst. Im Gebäude sind aber auch Büros untergebracht sowie die Bibliothek, in der der Papst oft Gäste empfängt

FEEL THE SPIRIT 43

Willkommen beim Weltjubeltag!

Papst Johannes Paul II. glaubte, dass nicht nur die Kirche der Jugend, sondern auch die Jugend der Kirche etwas zu sagen hat. Deshalb lud er sie zu sich nach Rom ein. Nichts ahnend, dass daraus einmal ein Mega-Event werden würde

D er Regen prasselt erbarmungslos auf das Menschenmeer an der Copacabana in Rio de Janeiro nieder. Auf Isomatten sitzend, um sich gegen die Feuchtigkeit von unten zu schützen, mit Regenschirmen bewaffnet, um die Nässe von oben abzuhalten, warten fast zwei Millionen Jugendliche auf die Ankunft ihres Stars: Papst

Strömender Regen, aber beste Stimmung

Franziskus. Die sogenannte Vigil, die „Gebetswache" am letzten Abend des Weltjugendtages (WJT), ist traditionell einer der Höhepunkte des Glaubensfestes, das 2013 vom 22. bis 29. Juli in Rio de Janeiro in Brasilien stattfand.

Das Warten lohnte sich auch in diesem Jahr. Papst Franziskus enttäuschte die Jugendlichen nicht. Der Heilige Vater war bestens gelaunt, trotzte ➔

Jesus ganz nah: Junge Gläubige beten intensiv im Angesicht des Weltjugendtagskreuzes

→ dem schlechten Wetter und begeisterte die Gläubigen. So betonte Papst Franziskus, wie wichtig gerade die Jugend für die Kirche ist: „Liebe junge Freunde, der Herr braucht euch! Auch heute ruft er jeden von euch, ihm in seiner Kirche zu folgen und Missionar zu sein. Liebe junge Freunde, der Herr ruft euch! Nicht haufenweise, als Masse! Er ruft dich und dich und dich, jeden einzeln; hört im Herzen, was er euch sagt."

Selbst Superstars können da nicht mithalten

Für Papst Franziskus war es der erste Weltjugendtag als Heiliger Vater, und ebenso wie seine Vorgänger dürfte er überwältigt gewesen sein von dem, was er erlebte. Zum 28. Mal feierte die Jugend das internationale Festival ihres Glaubens, das mittlerweile nicht nur die größte kirchliche Veranstaltung überhaupt ist, sondern auch Auftritte von Superstars wie Madonna oder Robbie Williams locker in den Schatten stellt. Den Besucherrekord hält der Weltjugendtag in Manila auf den Philippinen, wo 1995 vier Millionen Menschen zusammenkamen.

Bescheiden nehmen sich dagegen die 300.000 Jugendlichen aus, die am Palmsonntag 1984 einer Einladung Papst Johannes Pauls II. nach Rom folgten. Der Papst aus Polen setzte damit ein Zeichen. Nicht nur die Kirche hat der Jugend etwas zu sagen, lautete die Botschaft, sondern auch die Jugend der Kirche. Dialog statt Monolog und Belehrungen. „Offenherzig, klar und mutig" sollten die Gespräche sein. Und weil die Begeisterung darüber auf beiden Seiten groß war, wiederholte der Papst das Treffen im Jahr darauf gleich noch einmal. Es wurde wieder ein Erfolg, sodass Johannes Paul II. kurzerhand einen jährlichen Weltjugendtag daraus machte. Seitdem findet in den Bistümern jedes Jahr ein WJT statt und alle zwei bis drei Jahre wird er international begangen.

Symbol des Treffens ist bis heute das Kreuz, das der Heilige Vater den Jugendlichen 1984 anvertraute. Als Weltjugendtagskreuz wandert es seitdem von Kontinent zu Kontinent. Die erste große Reise führte es 1987 nach Buenos Aires in Argentinien, wo Johannes Paul II. die erste Weltjugendtagsbotschaft verlas. Auch eine eigene Hymne hatten sich die Jugendlichen damals ausgedacht: „Un nuevo sol – eine neue Sonne". Der Song begleitete die Pilger in den nächsten Jahren von Tschenstochau in Polen nach Denver in den USA, von Paris bis Sydney in Australien. Bevor das Weltjugendtagskreuz 2013 an der Copacabana in Rio de Janeiro

Die größte Messe, die es in Deutschland je gab

aufgestellt wurde, feierten die Jugendlichen mit ihrem Papst zwei Jahre zuvor in Madrid. Ein besonderes Highlight war der Weltjugendtag 2005 in Köln. Nicht nur, weil der damals neue Papst Benedikt XVI. aus diesem Anlass zum ersten Mal in seine Heimat zurückkehrte, sondern

Papst Franziskus wurde bei seinem ersten Weltjugendtag an der Copacabana stürmisch empfangen

46 FEEL THE SPIRIT

Eine Idee geht um die Welt

Von Rom aus haben sich die Weltjugendtage längst als weltweite Feste des Glaubens etabliert. Das waren die Stationen vor dem Weltjugendtag in Rio de Janeiro

1984 Rom 300.000 Teilnehmer

1985 Rom 250.000 Teilnehmer

1986 Rom 300.000 Teilnehmer

1987 Buenos Aires, Argentinien 300.000 Teilnehmer

1989 Santiago de Compostela, Spanien 500.000 Teilnehmer

1991 Tschenstochau, Polen 1,5 Mio. Teilnehmer

1993 Denver, USA 600.000 Teilnehmer

1995 Manila, Philippinen 4 Mio. Teilnehmer

1997 Paris, Frankreich 1,1 Mio. Teilnehmer

2000 Rom 2 Mio. Teilnehmer

2002 Toronto, Kanada 800.000 Teilnehmer

2005 Köln, Deutschland 1,2 Mio. Teilnehmer

2008 Sydney, Australien 450.000 Teilnehmer

2011 Madrid, Spanien 1 Mio. Teilnehmer

auch, weil der Gottesdienst auf dem Marienfeld bei Köln mit 1,1 Millionen Gläubigen die bis dahin größte Messe war, die je in Deutschland zelebriert wurde.
Jeder Weltjugendtag steht unter einem bestimmten Motto. In Köln war es ein Wort aus dem Matthäusevangelium: „Wir sind gekommen, um ihn anzubeten" (Mt 2,2). Der Leitsatz in Rio de Janeiro war: „Geht und macht zu Jüngern alle Völker der Erde" (Mt 28,19).

Die vielen verschiedenen Gesichter der Kirche

Auch wenn sich diese Bibelzitate im ersten Moment vielleicht ein bisschen trocken anhören, fad geht es auf den katholischen Jugendtreffen nicht zu. Ganz im Gegenteil. Neben den festen Bestandteilen wie dem Eröffnungs- und Abschlussgottesdienst, dem Kreuzweg mit dem Papst und der stimmungsvollen Vigil am letzten Abend, gibt es Konzerte, Musicals, Theater, Tanz, Workshops, Podiumsdiskussionen und und und. „Man entdeckt immer etwas Neues", sagt zum Beispiel der 22-jährige Michael aus der Schweiz, der schon auf mehreren Weltjugendtagen war und jedes Mal beeindruckt ist von den „verschiedenen Gesichtern der Kirche".
Der WJT beginnt mit den sogenannten Tagen der Begegnung in den Diözesen des Gastgeberlandes. Es ist ein erstes Kennenlernen, wo man viel →

Das große Fest des Glaubens

Der Weltjugendtag hat eine eigene Internet- und Facebookseite, auf der ihr alle wichtigen Informationen über den kommenden Weltjugendtag findet sowie jede Menge Ideen, Anregungen und „Seelenfutter": www.wjt.de

→ über das Leben und die Kultur der Einheimischen erfährt und die buntesten Eindrücke sammelt. Ein WJT-Teilnehmer in Rio schwärmte davon: „Wir haben mit der Gemeinde Gottesdienst gefeiert, durften den Bürgermeister besuchen, haben sämtliche dort wachsenden Früchte durchprobiert und einen sehr schönen Sonnenuntergang erlebt."

Brücken schlagen und Weltkirche erleben

Über das ganze Land sind die Jugendlichen während dieser Tage der Begegnung verstreut, viele wohnen bei Gastfamilien. So werden Brücken geschlagen und Netze gespannt, die das Verständnis füreinander erleichtern. Und wer den anderen besser versteht, kann sich besser für Frieden und eine gerechtere Welt einsetzen.

Höhepunkt jedes Weltjugendtages aber ist das Treffen mit dem Papst, wenn alle wieder zusammenkommen, um ihren Glauben zu feiern. Wenn in allen Sprachen der Welt geredet, gebetet und gesungen wird, ist das etwas ganz anderes als der Gottesdienst zu Hause in der Gemeinde.

Beim WJT kann man spüren, dass man im Glauben nicht allein ist, auch nicht mit den eigenen Fragen und Zweifeln. Hier lebt die Weltkirche und wird zu einer ganz persönlichen Erfahrung, die immer wieder in Jubel umschlägt.

Ganz besonders dann, wenn der Heilige Vater zu den Besuchern spricht. So auch auf der Strandpromenade der Copacabana in Rio, als Papst Franziskus die Jugendlichen willkommen hieß: „In dieser Woche wird Rio das Zentrum der Kirche sein, ihr lebendiges und junges Herz, denn ihr seid mit Großherzigkeit und Mut der Einladung Jesu an euch gefolgt, bei ihm zu bleiben, seine Freunde zu sein."

Am gleichen Ort, einen Tag später, betete er mit jungen Gläubigen aus aller Welt den Kreuzweg, bei dem sie ihre Anliegen vorbrachten. Und bei der Abschlussmesse schließlich verriet er, wo der nächste Weltjugendtag stattfinden wird: „Liebe junge Freunde, für den nächsten Weltjugendtag, im Jahr 2016, haben wir eine Verabredung: in Krakau, in Polen."

Dort werden die Jugendlichen auch dem Mann wieder nahe sein, dem sie diesen Event verdanken. Papst Johannes Paul II. wurde hier geboren und war bis zu seiner Wahl zum Papst Erzbischof von Krakau. ∎

Die Jugend der Welt in Rio – am Fuß der weltberühmten Christusstatue

STARS

Maria Höfl-Riesch

„Ich bin mit dem katholischen Glauben aufgewachsen"

An ihren ersten Weltcup-Sieg am 30. Januar 2004 kann sich Maria Höfl-Riesch noch ganz genau erinnern: „Ich glaube, so was bleibt ein Leben lang in Erinnerung. Es ist auf jeden Fall etwas ganz Besonderes, wenn man zum ersten Mal am Ziel seiner Träume ist. Davon träumt ja jedes Kind, das von klein auf Skirennläuferin werden will, dass man irgendwann mal ganz oben steht", erzählt die Skiläuferin. Damals war die Oberbayerin erst 19 Jahre alt und gehörte bereits zu den besten deutschen Skiathletinnen der Gegenwart. Der gebürtigen Garmisch-Partenkirchnerin wurde das Skifahren geradezu in die Wiege gelegt. Bereits mit drei Jahren stand sie auf den Brettern, und nur zwei Jahre später ging sie für ihren ersten Skiclub auf die Piste. Auch der Glaube an Gott begleitete die 28-Jährige bereits von Kindheit an. „Ich bin mit dem katholischen Glauben aufgewachsen. Meine Mama ist sehr religiös. Ich bete vor jedem großen Rennen."

Ihre größten Erfolge feierte Höfl-Riesch bei den Olympischen Winterspielen 2010 in Vancouver, wo sie zwei Goldmedaillen gewann. Auch im Trubel des Skizirkus ist ihr der Glaube immer wichtig geblieben, und sie betet oft zu Gott: „Beten kann man überall zu jeder Zeit", sagt Maria Höfl-Riesch, die sich 2012 einen Traum erfüllte, der kein sportlicher war: eine Audienz beim damaligen Papst Benedikt XVI.

URBI ET ORBI!

An Weihnachten und Ostern spendet der Papst den Segen „Urbi et Orbi", der Stadt und dem Erdkreis – und damit auch 1,2 Milliarden Katholiken auf der ganzen Welt

VATIKAN

Im Zentrum der katholischen Christenheit empfangen an Ostern Hunderttausende den Segen „Urbi et Orbi" des Papstes

KIRCHE WELTWEIT

FOGLIANISE (ITALIEN)
Eine junge Frau beim traditionellen Festa del Grano

NGALUMA (SUDAN)
Ein Priester bereitet sich auf den Gottesdienst in einer Vertriebenensiedlung vor

KLOSTER OBERSCHÖNENFELD
Zisterzienserinnen laufen vor dem Regen davon

MALAGA (SPANIEN)
Die Silhouette einer Jesusstatue bei der Prozession „Nueva Esperanza"

FEEL THE SPIRIT

HO-CHI-MINH-STADT (VIETNAM)

Ein junger Mann trifft die letzten Vorbereitungen für das bevorstehende Weihnachtsfest

JAKARTA (INDONESIEN)

Indonesische Christen beten für Frieden

MURNAU

Fronleichnamsprozession am oberbayerischen Staffelsee

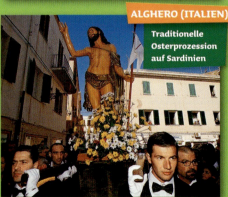

ALGHERO (ITALIEN)

Traditionelle Osterprozession auf Sardinien

LIMA (PERU)

Fischer feiern am 29. Juni St. Peter und Paul mit einer Bootsprozession

Gregor Schlierenzauer

„Für mich regelt das Jesus"

Das Gefühl zu fliegen, macht ihn süchtig. Gregor Schlierenzauer ist der erfolgreichste Skispringer aller Zeiten. Früher galt er als herausragendes Talent, mittlerweile ist der 23-jährige eine Legende. Mit seinen insgesamt 50 Weltcupsiegen ist Schlierenzauer seit März 2013 der alleinige Rekordhalter in der ewigen Bestenliste der Skispringer.

Der gläubige Tiroler bittet Gott um Kraft für seine Wettkämpfe. Dazu besucht er vor seinen Turnieren regelmäßig Sportlergottesdienste. „Ich kann mich zurückziehen, loslassen und mit positiver Energie in das Geschehen hineinstarten sowie mit Gott ein paar Worte sprechen", verrät er. Zu seinen größten Erfolgen zählen vor allem seine sechs Goldmedaillen bei Weltmeisterschaften und sein Olympiasieg mit der Nationalmannschaft bei den Winterspielen 2010 in Vancouver. Halt findet Schlierenzauer bei Jesus: „Für mich bedeutet er, dass jemand da ist, dem ich meine Gedanken mitteilen kann oder auch in gewissen Lebenssituationen um Hilfe bitten darf. Ich glaube, dass vieles, was im Leben passiert, einen Grund hat. Für mich regelt das Jesus."

FEEL THE SPIRIT

„Gott will dich stark machen für das Abenteuer deines Lebens"

Das sagte der Hamburger Erzbischof Werner Thissen 46 Jugendlichen kurz vor ihrer Firmung. Was an diesem Tag sonst noch geschah

Unterwegs mit einem Erzbischof

Es ist 13.25 Uhr, als Erzbischof Werner Thissen in seinen Dienstwagen vor dem Hamburger Bischofssitz steigt. Ein dunkler Mittelklasse-BMW. Keine getönten Scheiben, keine Sonderausstattung. Unter seiner Bischofssoutane, dem langen schwarzen Gewand mit roten Knöpfen und dem violetten Stoffgürtel, ist auf Fußhöhe sein grauer Anzug zu erkennen. An diesem Samstagnachmittag wird Erzbischof Thissen in zwei

Manchmal braucht es viel Mut, um fest zu glauben

Messen 46 junge Katholiken firmen. Damit werden sie sozusagen „Vollbürger" der katholischen Kirche.
Es geht von Hamburg nach Neumünster, einer Stadt in Schleswig-Holstein. Knappe 4000 katholische Gemeindemitglieder leben hier, sie stellen fünf Prozent der Gesamteinwohner. Es gibt nicht so viele Katholiken im protestantischen Norden. Der Erzbischof erinnert sich an seine eigene Firmung vor 58 Jahren.
„Es war Christi Himmelfahrt. Ich erinnere mich noch ganz genau, dass ich dachte, ‚Jetzt kommt es auf dich an, jetzt bist du im Glauben erwachsen.'" Dann wird er ein wenig ernst „Natürlich gibt es in der Beziehung zu Gott Höhen und Tiefen. In den Tiefen kommen die Fragen – in den Höhen die Antworten."
Kurz nach 14 Uhr hält der BMW vor der Kirche St. Maria-Vicelin. Im Pfarrhaus begrüßt er freundlich den Pfarrer, inspiziert die Messgewänder, die sorgfältig ausgebreitet im Nebenzimmer liegen, unterhält sich mit der Gemeindereferentin.
Zehn Minuten später: Auf der Treppe sammeln sich 26 nervöse Firmbewerber, die Jungen in Anzügen, die Mädchen in Kleidern. Lächelnd stellt sich der Erzbischof vor sie, seine Hand umgreift den Bischofsstab. Er spricht ihnen Mut zu: „Es ist wichtig, dass der Gottesdienst gelingt, damit ihr euch auch noch in 20 Jahren daran erinnert, was für ein schöner Tag das war." Aber er erzählt ihnen auch vom Märtyrer Eduard Müller aus Neumünster, den das NS-Regime 1943 hinrichten ließ, erinnert sie daran, dass es Zeiten gibt, in denen es unglaubliche Courage erfordert, zu seinem Glauben zu stehen.
Dann ist es soweit: Während die Gemeinde ein Loblied anstimmt, ziehen der Erzbischof, Pfarrer Sprock, Zeremoniar Kolberg, der Kaplan, die Messdiener und die Firmbewerber feierlich in die Kirche ein, sie setzen sich im Halbkreis hinter den Altar. Nach dem Schuldbekenntnis singt die

Für seine Predigt geht Thissen nach vorne

Kantorin das Kyrie Eleison erst alleine, ihre volle Stimme dringt in die letzten Winkel der hohen neugotischen Kirche. Man spürt, wie ernst die Gläubigen hier ihr Christsein nehmen.
Währenddessen sitzt der Erzbischof entspannt auf seinem ➔

Ein Tag mit Erzbischof Thissen

13:15
Ein letzter Schluck Kaffee, bevor es für Erzbischof Thissen losgeht nach Neumünster

15:24
In der Predigt kommt Thissen den Jugendlichen in den Mittelgang entgegen

14:29
Erzbischof Thissen bespricht mit Pfarrer Sprock die erste Firmung an diesem Tag

15:40
Es wird spannend: Jetzt spendet der Erzbischof gleich das Sakrament der Firmung

14:59
Pünktlich – der Einzug in die Pfarrkirche St. Maria-Vicelin: Der Erzbischof freut sich

15:42
„Sei besiegelt durch die Gabe Gottes, den Heiligen Geist. Der Friede sei mit dir."

16:45
Im Pfarheim überreicht Erzbischof Thissen den Firmlingen ihre Urkunden

17:18
Zeit für eine kurze Pause: Danach hält der Erzbischof gleich eine zweite Firmung

17:59
Aufstellen zum Gruppenbild – unter den prüfenden Blicken von Erzbischof Thissen

→ Stuhl. Doch dann bittet er die Gemeinde um einen Augenblick der Besinnung. Seine Miene wird ernst, man merkt, wie er sich in dieser einen Minute ganz konzentriert in sich selbst zurückzieht und bewusst Zwiesprache mit Gott sucht. Für seine Predigt geht er aus dem Altarraum nach vorne, er hat ein Mikrofon mit extra langem Kabel. „Ich wollte mich nicht angebunden fühlen," erklärt er vergnügt der Gemeinde. Doch dann spricht er ernst darüber, dass sich just an diesem Samstag der Anschlag auf das World Trade Center in New York jährt. Und wie wichtig gerade daher Menschen wie die Firmbewerber sind. Sie seien eine stärkende Kraft in der Welt. Er wendet sich direkt an sie: „Gott will dich stark machen für das Abenteuer deines Lebens!" Dann lässt er sie ihr Taufbekenntnis erneuern, in dem sie ihren Glauben bekräftigen.

Die Firmlinge sind willkommen in der Gemeinschaft der Gläubigen

In kleinen Fünfer-Gruppen treten die Firmlinge schließlich vor den Altar, die Paten hinter ihnen legen die rechte Hand auf ihre Schulter. Der Erzbischof tritt vor die erste in der Reihe, blickt sie direkt an, fragt nach ihrem Namen und sagt: „Nicola, sei besiegelt durch die Gabe Gottes, den Heiligen Geist. Der Friede sei mit dir." Dann zeichnet er ihr mit dem am Gründonnerstag geweihten Chrisam ein Kreuz auf die Stirn. Anschließend geht er zum nächsten. Die wartenden Firmbewerber sind nervös. Doch wer vom Erzbischof gesalbt wurde, geht mit einem gelösten Blick wieder zu seinem Sitzplatz zurück. Jeder von ihnen spürt, dass er in der Gemeinschaft der Gläubigen willkommen geheißen wurde. Nach der Firmfeier verläuft der Gottesdienst, wie man ihn kennt. Danach ziehen die frisch Gefirmten mit dem Bischof aus der Kirche aus. Ihre Familie empfangen sie draußen, fröhlich unterhalten sie sich, →

18:06
Die zweite Firmung an diesem Tag – und noch immer ist Thissen fröhlich

20:14
Im Pfarrheim spricht der Erzbischof nun zu der zweiten Gruppe von Firmlingen

22:38
Endlich wieder zuhause: Mit einem Lächeln verabschiedet sich der Erzbischof

→ gehen unter der Bahnunterführung durch zum Empfang im Gemeindezentrum. Auch Erzbischof Thissen und Pfarrer Sprock eilen dorthin, nachdem sie im Pfarrhaus die liturgischen Gewänder abgelegt haben. Eine ausgelassene Gemeinde begrüßt sie, jedem müssen sie jetzt die Hand schütteln.

Statt einer Rede verkündet der Erzbischof das Ergebnis des HSV

Statt einer steifen Rede ruft der Erzbischof zuerst das Ergebnis seines Lieblingsfußballvereins. Es ist der HSV. Danach verteilt er an die Firmlinge eine Urkunde, eine schriftliche Bestätigung ihres spirituellen Erfolgs. Nur langsam leert sich nach einer Stunde der Saal, Kaffee und Kuchen sind knapp geworden, einige Ältere erzählen berührt von ihrer eigenen Firmung. Der Erzbischof geht auf die kleine Sophia und ihre Eltern zu, ihr großer Bruder ist gerade gefirmt worden. „Bist du stolz auf ihn?" fragt Thissen das kleine Mädchen freundlich. Ganz feierlich, in weißem Kleidchen, weißen Sandalen und Brosche im Haar kuckt sie ihn an und sagt schlicht „Ja". Thissen antwortet schmunzelnd: „Das darfst du auch sein."

Als der Erzbischof mit den letzten Gästen den Gemeindesaal verlässt, ist es 17.15 Uhr, eine knappe halbe Stunde bleibt ihm Zeit, sich auszuruhen, dann ist schon die nächste Messe. Auch diese 20 Firmbewerber werden genauso feierlich wie die vorherigen als „Vollbürger" aufgenommen. Es ist 22.30 Uhr, als Thissens Wagen wieder vor dem Bischofshaus hält. Auf der Rückfahrt hat der Erzbischof noch die Predigt für den morgigen Sonntag angedacht und Notizen aufgeschrieben. Wahrscheinlich hat er über jeden Einzelnen der Firmlinge nachgedacht, denn das reizt ihn am meisten bei der Seelsorge: „Jede Begegnung ist anders, beim Menschen gibt es keine Routine." ∎

FOTOS: EKKEHARD WINKLER (13)

STARS

Jürgen Klopp

„Mein Glaube ist mein Fixstern"

Erfolgstrainer, Sympathieträger und ein positiv Verrückter. Jürgen Klopp ist Trainer des Fußballbundesligisten Borussia Dortmund und glaubt fest an Gott. Durch seine Erfolge mit dem BVB und seiner sympathischen Ausstrahlung und Natürlichkeit hat er im Sturm die Herzen der deutschen Fußballfans erobert. Er selbst hat erfolgreich bei Mainz 05 gespielt und später seinen Ex-Klub auch trainiert. Seine größten Erfolge feierte er aber mit Dortmund, als er in der Saison 2011 und 2012 die Deutsche Meisterschaft gewann, 2012 den DFB-Pokal holte und 2013 sogar im Finale der Champions League stand. Manch einer wünscht sich Klopp sogar als nächsten Bundestrainer. Seine Erfolge hat er vor allem seinem unbedingten Glauben an den Erfolg zu verdanken. Das weiß Jürgen Klopp ganz genau: „Es gibt in meinem Leben unglaublich viele Gründe, mich im Minutentakt bei Gott zu bedanken." Denn auch der immer lässig wirkende BVB-Coach braucht in dem knallharten Fußball-Geschäft einen Anker. Den findet er in seinem Glauben an Gott. Denn das ist die andere Seite des Publikumslieblings von den Borussen. Der gebürtige Stuttgarter sagt überzeugt: „Für mich ist der Glaube an Gott wie ein Fixstern, der immer da ist. Ein treuer Begleiter, der dir oft genau dann Kraft schenkt, wenn du gar nicht mehr damit rechnest. Aber auch ein starker Rückhalt, der mir die nötige Lockerheit gibt, mit einem Lächeln durchs Leben zu gehen, und dem nötigen Vertrauen, dass der da oben schon alles richtig macht."

Mitten im Leben

Die katholische Kirche hat viel mehr zu bieten als Ostern und Weihnachten, als Taufen und prächtige Hochzeiten in Weiß. Mit ihrem vielfältigen **SOZIALEN ENGAGEMENT** trägt die katholische Kirche dazu bei, dass unsere Gesellschaft funktioniert, wie das Beispiel Paderborn zeigt

Was macht die katholische Kirche eigentlich? Sie bietet jeden Sonntag Gottesdienste an, ihre Priester spenden Sakramente wie Taufe, Erstkommunion oder Firmung. Sie begleiten Sterbende in ihren letzten Stunden und tragen dazu bei, dass die Hochzeit der „schönste Tag im Leben" wird. Für viele beschränken sich die Aktivitäten der Kirche auf Seelsorge und Glaubensangelegenheiten. Doch die katholische Kirche ist weit mehr: Sie ist ein bedeutender Träger des sozialen Lebens und des sozialen Netzes in unserer Gesellschaft, wie sich am Beispiel der deutschen Durchschnittsstadt Paderborn in Nordrhein-Westfalen (145.000 Einwohner) wunderbar zeigen lässt.
In der Bischofsstadt Paderborn gibt es insgesamt 22 Kirchengemeinden, in denen sich 18 Priester, sechs Diakone und 16 Gemeindereferenten um die Weitergabe und Stärkung des katholischen Glaubens kümmern. Mindestens genauso

Über 1000 Kinder lernen in katholischen Kindergärten

wichtig: Für die Jüngsten und Schwächsten unserer Gesellschaft – Kleinkinder, ältere und kranke Menschen, Bedürftige – ist die Kirche nicht mehr wegzudenken. Ohne sie hätte Paderborn ein klaffendes Loch im sozialen Netz. So gibt es zum Beispiel 24 katholische Kindertageseinrichtungen in der Stadt im Nordwesten Deutschlands. 1612 Kinder spielen und lernen hier.
Damit hat die Kirche jeden dritten aller Drei- bis Fünfjährigen der Stadt unter ihre Fittiche genommen. In Zeiten, in denen laut nach freien Plätzen in Kindertagesstätten gerufen wird, ist das ein bedeutender Faktor. Doch nicht nur Kinder brauchen Hilfe. So suchen zahlreiche Erwachsene →

Wichtig für unsere Gesellschaft
Bei der Kirche arbeiten nicht nur die Leute, die sonntags am Altar stehen: Ohne kirchliche Kindergärten, Beratungsstellen und Altenheime bräche das soziale Leben zusammen

> **Gäbe es plötzlich die Kirche nicht mehr, würde das soziale Netz reißen – nicht nur in Paderborn**

→ bei Problemen die Ehe-, Familien- und Lebensberatung auf. Fast 2000 Stunden fallen so in Paderborn jährlich an – in einer katholischen Beratungsstelle. In allen zusammengenommen, sind es über 17.000. Die beiden Erziehungsberatungsstellen in Paderborn verzeichneten im Jahr 2012 insgesamt 1244 Beratungsfälle. Ansonsten nämlich ist kostenlose professionelle Hilfe rar.

Überhaupt, die Caritas! 750 Mitarbeiter sind beim Caritasverband in Paderborn beschäftigt. Neben den ambulanten Diensten,

Die Kirche unterhält zwei von vier Krankenhäusern

Beratungsdiensten, Sozialstationen, der Tages- und Kurzzeitpflege gibt es in Paderborn vier stationäre katholische Altenheime und darüber hinaus zwei stationäre Jugendhilfeeinrichtungen. Auch für sterbende Menschen gibt es durch die katholische Kirche Begleitung und Unterstützung mit einem stationären Hospiz und einem ambulanten Hospiz- und Palliativdienst. Und weiter: Zwei von vier Paderborner Krankenhäuser werden von der katholischen Kirche getragen. Hier stehen rund 1000 Betten für Patienten zur Verfügung. Über 2500 Mitarbeiter versorgen mehr als 45.000

70.000 Jugendliche verbringen ihre Freizeit sinnvoll beim BDKJ

Patienten pro Jahr. Das bedeutet: Die Gesundheitsversorgung Paderborns steht zur Hälfte auf katholischen Füßen.

Kirchliche Orden wie die Salesianer sind für ihre Jugendarbeit berühmt. Doch auch auf anderen Ebenen engagiert sich die Kirche für den Nachwuchs. Rund 70.000 (!) Kinder und Jugendliche sind Mitglied in einem der zehn Verbände des BDKJ-Diözesanverbandes Paderborn. In mehr als 700 Städten und Gemeinden des Erzbistums finden Gruppenstunden und Veranstaltungen verbandlicher Jugendarbeit statt. Kinder und Jugendliche finden hier einen Ort, an dem sie ihre Persönlichkeit entwickeln, Gemeinschaft erleben, Werte erfahren, gemeinsam Kirche und Gesellschaft mitgestalten können. Kirchliche Jugendarbeit ist aber nur ein Bereich unter vielen. Von A wie Auszubildende bis Z wie Zigeuner profitieren Menschen von der Kirche, egal ob sie in der Mitte oder am Rand unserer Gesellschaft stehen.

Ohne die Kirche würden wir kein Ostern feiern und auch keine Hochzeiten in Weiß. Außerdem würde unsere Gesellschaft nicht mehr oder wenigstens nicht mehr so gut funktionieren: Die Jüngs-

Ohne Kirche würde unsere Gesellschaft nicht funktionieren

ten wären ohne Kindergartenplatz, die Ältesten ohne ausreichende Unterstützung und viele Kranke ohne ärztliche Versorgung.

Warum nimmt die Kirche diese Aufgaben auf sich? Weil Jesus den Auftrag gab, schon jetzt und hier am Reich Gottes mitzubauen. Das Fazit ist eindeutig, und es gilt für Paderborn wie für ganz Deutschland: Mit ihren Einrichtungen sorgt die Kirche dafür, dass das Leben der Menschen ein bisschen besser wird. Nicht nur in der Kirche und nicht nur am Sonntag. ∎

STARS

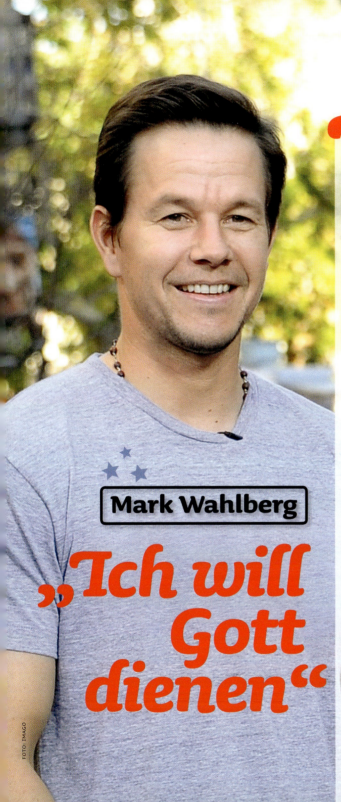

Mark Wahlberg

„Ich will Gott dienen"

Vom Saulus zum Paulus. Mark Wahlberg hatte eine schlimme Jugend: Drogen, Straftaten, Gefängnis. Vom Sänger zum Unterwäschemodel und dann zum Schauspieler. Mark Wahlberg, auch bekannt unter seinem Bandnamen Marky Mark, ließ seine finstere Jugendzeit hinter sich und ist inzwischen ein vorbildlicher Ehemann, Familienvater und gläubiger Christ. „Ein guter Schauspieler oder Produzent zu sein – das hilft mir nicht, in den Himmel zu kommen. Das Wichtigste für mich ist es, ein guter Vater, ein guter Ehemann und ein guter Mitmensch zu sein – ein Mann, der seinen Nächsten hilft und der seine Kinder dazu erzieht, ebenfalls gute Menschen zu sein", betont Wahlberg. Um seine Fehler in der Jugend weiß der Superstar und bittet Gott täglich um Vergebung: „Ich will Gott dienen, und ich will die Fehler, die ich begangen habe, und den Schmerz, den ich verursacht habe, wieder gutmachen", hofft der Katholik. Und genau das bewundert der 41-Jährige am Glauben: „Ich weiß in meinem Inneren, dass mir vergeben wird." Aufgewachsen in Boston als jüngster Sohn mit acht Geschwistern, startete Wahlberg nach seiner dunklen Vergangenheit als Schauspieler voll durch, und seit 2010 hat er sogar einen Stern auf dem „Walk of Fame" in Hollywood. Wem er seinen Erfolg zu verdanken hat, weiß der Star ganz genau: „Das Erste, was ich morgens tue: Ich gehe auf meine Knie und danke Gott."

FEEL THE SPIRIT

Und wo kommst du her?

Sicher wisst ihr, in welchem Bundesland ihr lebt. So etwas gibt es in der Kirche auch. Wir stellen euch die 27 Diözesen vor

Die Bundesrepublik ist in 16 Bundesländer aufgeteilt – das katholische Deutschland in 27 Diözesen. Die Diözesen nennt man auch Bistümer. Jedes Bistum hat dabei seine Besonderheiten: So lassen die einen ihren „Dom in Kölle", andere

Die meisten Katholiken leben im Erzbistum Köln

sind stolz auf die einzige katholische Universität im deutschsprachigen Raum. Hier pflegt man das traditionelle Osterreiten, dort ist ein hoher Feiertag ohne die echte Schwarzwaldtracht undenkbar. Dabei hat sich nach der Wende 1990 einiges auf der katholischen Landkarte getan. Diözesen kamen dazu, andere wurden umstrukturiert. So kommt es auch, dass die jüngste deutsche Diözese – Görlitz – erst 1994 gegründet wurde. Aber auch Erzbistümer wie Hamburg oder Berlin wurden durch Abspaltung und Zusammenlegung geschaffen. Hamburg wurde sogar zur größten deutschen Diözese. Die meisten Katholiken leben im Erzbistum Köln. ➜

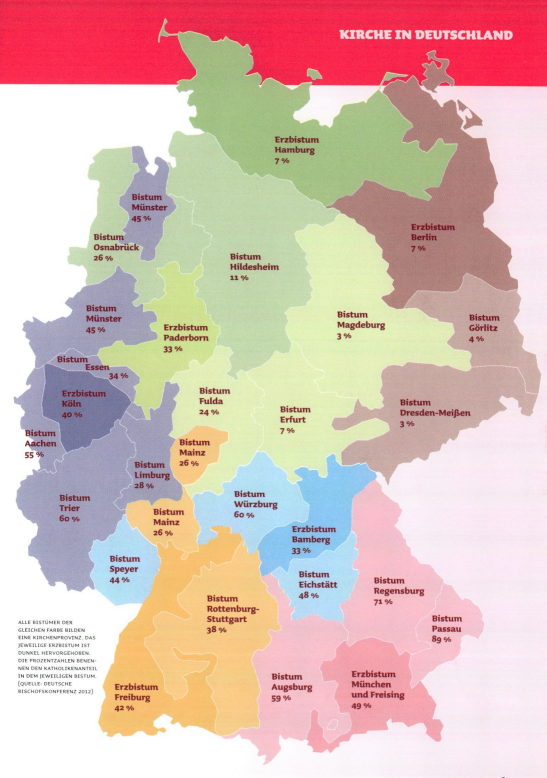

Das Bistum Görlitz wurde

Köln

In der Erzdiözese leben die meisten Katholiken. Zudem ist der Kölner Dom eines der berühmtesten Gotteshäuser der Welt.
Gründung: ca 3. Jh.
Größe: 6.181 km^2
Katholiken: 2,081 Mio.
Pfarreien: 530
Patron: Jungfrau Maria. Die Gottesmutter wird als „Unbefleckt empfangene Jungfrau Maria" verehrt – sie ist neben dem Apostel Petrus auch die Patronin des Kölner Doms

QUELLE: ERZBISTUM KÖLN

Aachen

Die alte Kaiserpfalz ist Zentrum vieler Hilfswerke wie „missio" oder „Misereor". Der Stadtgründer, Kaiser Karl der Große, liegt im Aachener Dom begraben.
Gründung: 1802
Größe: 3.938 km^2
Katholiken: 1,101 Mio.
Pfarreien: 332
Patron: Jungfrau Maria. Karl der Große legte mit seiner Pfalzkapelle den Grundstein zum Aachener Dom – sie war, wie jetzt der Dom auch, der Jungfrau geweiht

QUELLE: BISTUM AACHEN

Essen

Die kleinste Diözese liegt mitten im Herzen des Ruhrgebietes. Ihr erster Bischof Franz Hengsbach wurde oft liebevoll als „Kumpel Franz" bezeichnet.
Gründung: 1958
Größe: 1.877 km^2
Katholiken: 856.661
Pfarreien: 43
Patron: Jungfrau Maria. Maria wird als „Mutter vom Guten Rat" verehrt. Im Essener Münster steht die älteste bekannte voll-plastische Figur der Gottesmutter

QUELLE: BISTUM ESSEN

Limburg

In der Diözese wird die pastorale und soziale Mitarbeit von Laien großgeschrieben, nach dem Motto: „Gemeinsam auf dem Weg".
Gründung: 1827
Größe: 6.182 km^2
Katholiken: 648.570
Pfarreien: 270
Patron: Heiliger Georg. Sein berühmter Kampf mit dem Drachen kam erst viel später als seine Märtyrerlegende auf. Heute ist dem Drachentöter der Limburger Dom geweiht

QUELLE: BISTUM LIMBURG

Münster

Die Diözesanmitglieder leben nicht Tür an Tür – Münster ist in einen nordrhein-westfälischen und einen niedersächsischen Teil getrennt.
Gründung: 805
Größe: 15.268 km^2
Katholiken: 1,964 Mio.
Pfarreien: 291
Patron: Apostel Paulus. Der große Missionar des frühen Christentums wurde vom heiligen Liudger, erster Bischof in Münster, zu Beginn des 9. Jahrhunderts zum Patron erhoben

QUELLE: BISTUM MÜNSTER

Trier

Die Diözese am Moselufer (gegründet im 3. Jahrhundert) war die erste Diözese überhaupt, der Dom von Trier ist die älteste Kirche Deutschlands.
Gründung: ca. 270
Größe: 12.870 km^2
Katholiken: 1,467 Mio.
Pfarreien: 922
Patron: Apostel Matthias. Er wurde für Judas zum zwölften Apostel ernannt. Seine Gebeine werden in der Trierer Benediktinerabtei St. Matthias verehrt

QUELLE: BISTUM TRIER

Freiburg

„Pacto de Hermandad": Seit 1986 besteht eine Partnerschaft zwischen Freiburg und der Kirche in Peru. Zu ihr gehört vor allem ein lebendiger Austausch von jungen „Voluntarios".
Gründung: 1827
Größe: 16.229 km^2
Katholiken: 1,966 Mio.
Pfarreien: 1046
Patron: Jungfrau Maria. Die Gottesmutter ist die Hauptpatronin des Erzbistums, nicht umsonst gibt es hier so viele Marien-Wallfahrtsorte

QUELLE: ERZBISTUM FREIBURG

Mainz

Der „Heilige Stuhl" ist Rom – nur Mainz darf auch so genannt werden, es war als Erzkanzlersitz lange die wichtigste Diözese des Heiligen Römischen Reiches Deutscher Nation.
Gründung: 4. Jh.
Größe: 7.692 km^2
Katholiken: 757.550
Pfarreien: 319
Patron: Heiliger Martin von Tours. Martin war Schutzpatron der fränkischen Könige – die Mainzer Bischöfe waren deren Statthalter

QUELLE: BISTUM MAINZ

erst 1994 gegründet

So funktioniert eine Diözese

In einer Diözese gibt es Ämter und Positionen, die besetzt sein müssen. Die „Chefs" einer Diözese sind die Bischöfe. Die Erzbischöfe leiten die sieben Erzdiözesen in Deutschland. Eine Erzdiözese bildet zusammen mit den zugeordneten „normalen" Diözesen eine sogenannte Kirchenprovinz. Die sieben Kirchenprovinzen sind auf diesen Seiten farblich gekennzeichnet, am Anfang steht immer die jeweilige Erzdiözese. Jede Diözese wiederum gliedert sich in verschiedene Dekanate, die aus mehreren Pfarreien bestehen. Übrigens: Diese Gliederung ist nicht überall üblich. Die Schweizer kennen zum Beispiel keine Kirchenprovinzen.

Im St. Marien-Dom zu Erfurt hängt die Gloriosa. Das ist die größte, frei schwingende, mittelalterliche Glocke der Welt

Rottenburg Stuttgart

„Weltoffener Katholizismus": Die Diözese sucht besonders große Zusammenarbeit und Austausch mit fremden Ländern und Kulturen.
Gründung: 1828
Größe: 19.514 km^2
Katholiken: 1,890 Mio.
Pfarreien: 1.037
Patron: Heiliger Martin von Tours. Der ungarische Soldat teilte seinen Mantel mit einem Bettler – Hilfe allen Bedürftigen ist ganz nach Martins Vorbild das Hauptanliegen der Diözese

QUELLE: BISTUM ROTTENBURG-STUTTGART

Hamburg

Die Erzdiözese am Meer besitzt die größte Fläche in Deutschland – und eine genauso breite Vielfalt an Angeboten.
Gründung: 831
Größe: 32.654 km^2
Katholiken: 393.090
Pfarreien: 89
Patron: Heiliger Ansgar. Der „Apostel des Nordens" musste bei seinen Missionen große Schwierigkeiten überwinden. Er war der erste Bischof Hamburgs und gründete hier eine Schule und ein Kloster

QUELLE: ERZBISTUM HAMBURG

Hildesheim

Das Bistum tut viel für die Jugend: Die „Chrisammesse" am Gründonnerstag und die Jugendvespern im Kloster Marienrode sind der Renner.
Gründung: 815
Größe: 30.000 km^2
Katholiken: 617.097
Pfarreien: 170
Patron: Heiliger Bernward. Der Hildesheimer Bischof, der eigentlich aus Sachsen stammte, sorgte für die Erziehung Kaiser Ottos III. und des späteren Papstes Sylvester II.

QUELLE: BISTUM HILDESHEIM

Osnabrück

Mitte des 20. Jahrhunderts war Osnabrück das flächengrößte Bistum Deutschlands. Nach der Wende wurde das heutige Erzbistum Hamburg davon abgespalten.
Gründung: 780
Größe: 12.573 km^2
Katholiken: 568.747
Pfarreien: 227
Patron: Apostel Petrus. Nach dem Märtyrer aus den Anfangsjahren des Christentums ist auch der Bistumsdom St. Peter in Osnabrück benannt

QUELLE: BISTUM OSNABRÜCK

FEEL THE SPIRIT

Papst Benedikt XVI. war

Bamberg

Der Bamberger Bischof Suidger wurde Papst Clemens II. Sein Grab im Bamberger Dom ist das einzige erhaltene Papstgrab nördlich der Alpen.
Gründung: 1007
Größe: 10.288 km²
Katholiken: 713.781
Pfarreien: 366
Patron: Heiliger Heinrich. Kaiser Heinrich II. schenkte Bamberg erst seiner Frau, der Heiligen Kunigunde, zur Hochzeit. Später gründete er hier das Bistum Bamberg

QUELLE: ERZBISTUM BAMBERG

Eichstätt

Nach der Zerstörung durch die Schweden wurde Eichstätt 1670 von berühmten Baumeistern gestaltet und gilt als eine der schönsten geistlichen Barockstädte.
Gründung: 745
Größe: 6.000 km²
Katholiken: 414.851
Pfarreien: 277
Patron: Heiliger Willibald. Der Mönch aus England kam als Mitarbeiter des Heiligen Bonifatius nach Eichstätt und wurde erster Bischof des Bistums

QUELLE: BISTUM EICHSTÄTT

Speyer

Der Kaiserdom zu Speyer wurde von König Konrad II. in Auftrag gegeben. Heute ist der Bistumsdom die größte, noch erhaltene, romanische Kirche der Welt.
Gründung: Mitte 4. Jh.
Größe: 5.893 km²
Katholiken: 568.638
Pfarreien: 346
Patron: Jungfrau Maria. Der Speyrer Kaiserdom ist in erster Linie der Gottesmutter Maria geweiht – und steht als Weltkulturerbe auf der UNESCO-Liste

QUELLE: BISTUM SPEYER

Würzburg

Der Kreuzberg ist ein wichtiger Wallfahrtsort im Bistum. Am „Heiligen Berg der Franken" soll Bistumsgründer Kilian das erste Kreuz in der Gegend errichtet haben.
Gründung: 742
Größe: 8.529 km²
Katholiken: 804.942
Pfarreien: 618
Patron: Heiliger Kilian. Der irische Wandermönch Kilian brachte mit seinen Gefährten Kolonat und Totnan das Christentum um 686 nach Würzburg

QUELLE: BISTUM WÜRZBURG

Der heilige Bonifatius, Schutzpatron von Deutschland, liegt in Fulda begraben

Berlin

In der Berliner St.-Hedwigs-Kathedrale liegt seit 1965 der selige Märtyrer Bernhard Lichtenberg begraben.
Gründung: 1930
Größe: 31.200 km²
Katholiken: 396.095
Pfarreien: 105
Patron: Apostel Petrus. Simon Petrus ist der Fels der Kirche. Jesus wollte auf ihn seine Kirche bauen – auch die Berliner vertrauen auf die gnädige Fürsprache des „Sprechers der Apostel"

QUELLE: ERZBISTUM BERLIN

Dresden-Meißen

Dresden-Meißen hat den geringsten Katholikenanteil, aber das älteste Zisterzienserinnenkloster Deutschlands.
Gründung: 967
Größe: 16.934 km²
Katholiken: 140.436
Pfarreien: 97
Patron: Heiliger Benno. Der Bischof von Meißen soll bei der Rückkehr aus dem Exil den Schlüssel zum Meißener Dom in einem Fisch gefunden haben – vor seiner Verbannung hatte er ihn in die Elbe geworfen

QUELLE: BISTUM DRESDEN-MEISSEN

Görlitz

Görlitz wurde 1994 im Zuge der Neuordnung ehemaliger DDR-Gebiete gegründet. Bedeutung bekommt die Diözese durch ihre Grenzlage zum Osten Europas.
Gründung: 1994
Größe: 9.733 km²
Katholiken: 28.534
Pfarreien: 22
Patron: Heilige Hedwig. Als Herzogin von Schlesien ließ sie Klöster und Schulen bauen und wirkte verbindend zwischen Polen und Deutschland

QUELLE: BISTUM GÖRLITZ

Erzbischof von München

Paderborn

In Paderborn befindet sich eine der wichtigsten Stellen zur Förderung der Ökumene in Deutschland: das „Johann-Adam-Möhler-Institut für Ökumenik".
Gründung: 799
Größe: 14.754 km^2
Katholiken: 1,608 Mio
Pfarreien: 760
Patron: Heiliger Liborius. Um 348 war er Bischof von Le Mans, am 23. Juli wird sein Todestag gefeiert. Seine Reliquien sind seit 836 in Paderborn aufgebahrt

QUELLE: ERZBISTUM PADERBORN

Erfurt

Das 742 gegründete Bistum war lange in andere Bistümer, zum Beispiel über 1.000 Jahre in Mainz integriert. Erst seit dem 8. Juli 1994 gibt es wieder das eigenständige Bistum Erfurt.
Gründung: 742
Größe: 12.000 km^2
Katholiken: 153.542
Pfarreien: 72
Patron: Heilige Elisabeth von Thüringen. Sie starb mit nur 24 Jahren. Zuvor kümmerte sie sich in Hessen und Thüringen um Arme und Kranke

QUELLE: BISTUM ERFURT

München und Freising

In München und Freising war Joseph Kardinal Ratzinger bis 1981 Erzbischof – von 2005 bis 2013 leitete er als Papst Benedikt XVI. die Weltkirche.
Gründung: 739
Größe: 12.000 km^2
Katholiken: 1,761 Mio.
Pfarreien: 748
Patron: Heiliger Korbinian. Zu Ehren des ersten Bischofs von Freising kommen bis zu 10.000 Jugendliche zur Korbinianswallfahrt, der größten katholischen Jugendwallfahrt

QUELLE: ERZDIÖZESE MÜNCHEN UND FREISING

Augsburg

In einer der ältesten Diözesen ist das katholische Schulwesen sehr ausgeprägt. Auch viele katholische Medien wie Zeitungen, Radio, Verlage und TV sind vertreten.
Gründung: ca. 4. Jh.
Größe: 13.250 km^2
Katholiken: 1,352 Mio
Pfarreien: 998
Patron: Heiliger Ulrich. Der Augsburger Bischof verteidigte Augsburg im Jahre 955 mit König Otto I. gegen die heidnischen Ungarn und rettete so das christliche Europa

QUELLE: BISTUM AUGSBURG

Fulda

Jeden Herbst trifft sich in Fulda die Deutsche Bischofskonferenz – denn hier liegt mit Bonifatius der wichtigste Missionar des alten Frankenlandes.
Gründung: 1752
Größe: 10.000 km^2
Katholiken: 406.089
Pfarreien: 243
Patron: Heiliger Bonifatius. Der Apostel der Deutschen missionierte mit eigenen Methoden: So ließ er eine heilige germanische Eiche fällen, um einen Gott der Heiden als Mythos zu überführen

QUELLE: BISTUM FULDA

Magdeburg

Mit der Reformation im 16. Jahrhundert ging das Erzbistum Magdeburg unter. 1994 erfolgte die Neugründung, diesmal als „normale" Diözese.
Gründung: 968
Größe: 23.208 km^2
Katholiken: 87.555
Pfarreien: 44
Patron: Heiliger Norbert von Xanten. Erst Lebemann, dann Einsiedler und schließlich wohltätiger Bischof von Magdeburg – der heilige Norbert lernte alle Facetten des Lebens kennen

QUELLE: WWW.BISTUM-MAGDEBURG.DE

Passau

Einst größte Diözese des Heiligen Römischen Reiches Deutscher Nation. Dompatron Stephanus verweist auf die Mission bis nach Ungarn. Passau hat die weltgrößte Domorgel, der Katholikenanteil von ca. 90 % ist der höchste in Deutschland.
Gründung: 739
Größe: 5.442 km^2
Katholiken: 485.367
Pfarreien: 285
Patron: Heiliger Valentin von Rätien. Er verbindet die Diözese mit dem antiken Ursprung

QUELLE: BISTUM PASSAU

Regensburg

Von der Bischofsstadt unter Kirchenlehrer Albertus Magnus über den Bankrott im 14. Jahrhundert bis zum Papstbesuch 2006 – Regensburg hat so ziemlich alles erlebt.
Gründung: 739
Größe: 14.665 km^2
Katholiken: 1,228 Mio.
Pfarreien: 770
Patron: Heiliger Wolfgang. Er war im 10. Jahrhundert Missionar in Ungarn, danach wirkte er als Bischof der Diözese Regensburg

QUELLE: BISTUM REGENSBURG

So könnt ihr euch engagieren!

Erinnert ihr euch noch an Vicky, Julian, Anna, Dominik und Niklas? Hier erzählen wir euch, wie unterschiedlich sie ihren Glauben leben. Vielleicht bekommt ihr ja Lust ...

Vicky, 17
Die Kapellenspielerin

Da Musik und Gott zu den wichtigsten Dingen in meinem Leben gehören, wollte ich beides verbinden. Das kann ich in der Kapelle unserer Kolpingsfamilie. Außerdem bin ich noch Ministrant in unserer Pfarrei. Derzeit spiele ich im B-Orchester. Also auf der zweiten Stufe nach der Gruppe der Anfänger. Wir nehmen schon an Wettbewerben teil und spielen regelmäßig auf Veranstaltungen in der Gegend, aber auch weiter weg. Besonders im Frühling und Sommer haben wir viele Auftritte, wenn die Frühlings- und Volksfeste beginnen.

Im Schnitt haben wir so zweimal im Monat einen Auftritt. Mein persönliches Ziel ist es, irgendwann einmal im A-Orchester zu spielen. Das ist die höchste Stufe in der Kapelle. Wer da spielt, ist wirklich schon sehr gut. Genial finde ich besonders die tolle Gemeinschaft in der Kolpingkapelle. Die meisten meiner Freunde spielen mit mir zusammen im Orchester. Auf unseren gemeinsamen Ausflügen und Auftritten kommt das Gesellige auch nicht zu kurz. Aber was uns wirklich alle verbindet, ist die Liebe zur Musik.

Julian, 18

Der Aushilfsmesner

Neben meinem Hobby als Fußballer verbringe ich meine Freizeit fast ausschließlich mit Aktivitäten, die mit der Kirche zu tun haben. So bin ich schon seit der vierten Klasse bei den Ministranten und inzwischen stellvertretender Oberministrant. Außerdem engagiere ich mich im katholischen Jugendausschuss in unserer Pfarrei. Wir planen und organisieren zusammen mit Vertretern aus der Pfarrei, ehemaligen und aktiven Ministranten unterschiedliche soziale Aktionen für Kinder und Jugendliche. Erst zuletzt haben wir einen „Vorlese-Campus" für Grundschüler veranstaltet, an der 72-Stunden-Aktion des BDKJ teilgenommen oder aber auch unsere Kirche geputzt. Die Aktionen machen immer jede Menge Spaß, und wir können dabei was Gutes tun. Zusätzlich habe ich noch einen besonderen Dienst: Ich bin seit zwei Jahren Aushilfsmesner in unserer Kirche. In den Sommerferien oder immer wenn ich Zeit habe, übernehme ich die Aufgaben unseres Mesners. Ich bin ein sehr gläubiger Mensch. Für mich gehört es dazu, dass ich jeden Sonntag in den Gottesdienst gehe – und zwar weil ich es möchte und nicht, weil es auf einem Plan steht.

„Ich selbst bin schon lange Ministrantin"

Anna, 18

Die Leiterin der Ministranten

Ich bin ein sehr gläubiger Mensch. Deswegen verbringe ich eigentlich auch meine gesamte Freizeit, die ich nicht mit Sport verbringe, innerhalb der Kirche. Die meiste Zeit bin ich für die Ministranten in unserer Pfarrei unterwegs. Ich selber bin schon lange Ministrantin, aber inzwischen bin ich im Leitungsteam unserer Pfarrei. Dort habe ich viele Aufgaben: Ich organisiere die Ausflüge und größeren Fahrten, helfe bei der Erstellung des Ministrantenplanes, beantworte alle Mails der jüngeren Minis und greife ihnen auch unter die Arme. Und das ist oftmals auch notwendig, weil viele von ihnen noch sehr schlecht alleine klar kommen. Am meisten nervt es mich dann, wenn die Jüngeren sich in der Kirche nicht richtig benehmen und Quatsch machen. Dann werde ich danach von den Leuten aus unserem Dorf darauf angesprochen, warum wir da nicht eingreifen. Daher ist es mein Wunsch und mein Ziel, dass die jüngeren Ministranten selbstständiger werden.

Dominik, 18
Der Kolpingjugendliche

„Der Glaube an Gott ist für mich sehr wichtig"

Mein Beruf passt sehr gut mit meinem größten Hobby zusammen: Denn auch in der Kolpingjugend kann ich, wie auch als Polizist, anderen Menschen helfen. Zur Kolpingsfamilie bin ich über meine Eltern gekommen. Mein Vater war ja schon selbst seit seiner Kindheit bei Kolping aktiv und hat mich und meinen Bruder dann einfach mal mitgenommen. Zuerst war ich zusammen mit meinem Bruder in der Jugendgruppe, jetzt helfe ich mehr beim Organisieren und Durchführen von unterschiedlichen Projekten für die Dritte Welt oder für die Pfarrei mit. Wir stellen Altkleidersammlungen auf die Beine, organisieren Seifenkistenrennen oder helfen in der Pfarrei bei Veranstaltungen oder Aktionen mit – alles für einen guten Zweck. Außerdem packen wir auch bei den unterschiedlichen Projekten der Kolpingsfamilie an, wenn Helfer gebraucht werden. Neben unserem sozialen Engagement kommt aber auch der Spaß nicht zu kurz. Auf unseren Ausflügen und bei den Projekten fasziniert mich vor allem die Gemeinschaft und der Zusammenhalt: Jeder zieht am gleichen Strang und möchte sich einbringen. Der Glaube an Gott ist für mich sehr wichtig. Ich hoffe, dass ich das auch später mal meinen Kindern weitergeben kann.

Niklas, 14
Der Ministrant

Zu den Ministranten bin ich über meine zwei Jahre ältere Schwester gekommen. Als sie bei den Minis angefangen hat und wir mit ihren Freundinnen oft am Sonntag in der Kirche waren, wollte ich auch unbedingt dabei sein. Besonders gefällt mir die enge Gemeinschaft innerhalb unserer großen Gruppe – immerhin sind wir über 100 Ministranten! Die größten Highlights des Jahres sind neben den großen Feiertagen natürlich auch die Ministrantenfahrten. Egal ob in den Europapark Rust, ins Schwimmbad oder einige Tage zum Zelten: Wir haben immer total viel Spaß, schließen Freundschaften und lernen daneben noch Neues für das Ministrieren. Der Altardienst macht mir große Freude. Vor dem Buchdienst habe ich noch etwas Respekt, weil man da so im Mittelpunkt steht und gar keinen Fehler machen darf. Der Glaube ist für mich sehr wichtig. Nach der Kommunion kann ich am besten zu Gott beten und mich mit ihm unterhalten. Ich hoffe, dass ich bald in das Mini-Team aufgenommen werde, um noch mehr Verantwortung übernehmen zu können.

„Besonders gefällt mir die enge Gemeinschaft innerhalb unserer großen Gruppe – immerhin sind wir über 100 Ministranten!"

Und jetzt du!

Ministrant, Pfarrjugend, Pfadfinder, katholische Landjugend, Kolpingjugend, und und und … Jetzt gibt es für euch viele Möglichkeiten, euch zu engagieren. Erster Ansprechpartner ist eure Pfarrei – oder der Bund der Deutschen Katholischen Jugend (BDKJ)

Vicky, 17 · Julian, 18 · Dominik, 18

Wo kann ich mich engagieren? Wen muss ich ansprechen? Oftmals scheitert ein Engagement an fehlenden Informationen oder Ansprechpartnern. Aber schau doch einfach mal auf die Internetseite des BDKJ (www.bdkj.de). Hier findest du alle Informationen und Links zu katholischen Verbänden, Bewegungen und Gruppen, bei denen du deine Freizeit verbringen und dich dazu noch politisch oder karitativ engagieren kannst.

Der BDKJ besteht bereits seit über 65 Jahren. Er ist ein Dachverband von 16 Jugendverbänden und -organisationen. Mit seinen rund 660.000 Mitgliedern im Alter zwischen 7 und 28 Jahren ist er der größte Jugendverband in Deutschland!

Das Leben gestalten und selbstbestimmt handeln können

In den Verbänden des BDKJ lernen Jugendliche, wie sie ihr Leben gestalten und selbstbestimmt handeln können. Sie finden ihren eigenen Standpunkt in

ÜBERBLICK

Kirche und Gesellschaft – darum geht es, wenn man sich in einem der Verbände engagiert.
Katholisch, politisch, aktiv. So lautet der Wahlspruch des BDKJ. Als wichtigsten Pfeiler haben die Kinder und Jugendlichen ihren Glauben. Er steht unter dem Oberbegriff „Katholisch". Jugendliche in den Verbänden des BDKJ reden aber nicht nur vom Glauben, sondern handeln und leben danach. Sie nehmen die Botschaft von Jesus ernst und versuchen sie umzusetzen. Sie gestalten gemeinsam ihre Gottesdienste

Kinder und Jugendliche sollen von Erwachsenen gehört werden

und helfen in der Gemeindearbeit mit. „Politisch" bedeutet „selber Politik zu machen". Eine eigene Meinung entwickeln und sie auch selbstbewusst vertreten. Einerseits andere Meinungen tolerieren, aber andererseits auch kritisieren. In den Verbänden des BDKJ könnt ihr mitreden, euch für spezielle politische, soziale und religiöse Themen stark machen und gemeinsam dafür sorgen, dass ihr von Politik und Kirche gehört werdet. Als letzte große Säule ist für den BDKJ „aktiv" ganz groß geschrieben. „Einer für alle, alle für einen". Das ist

Verantwortung übernehmen und sich für andere einsetzen

nicht nur das Motto der Musketiere, sondern auch das der katholischen Jugendverbände.

Anna, 18

Niklas, 14

Ihr sollt füreinander da sein und euch gegenseitig unterstützen. Das bedeutet, dass ihr für andere Verantwortung übernehmen und euch auch für sie einsetzen sollt. Und das sind die größten Verbände im BDKJ: Wenn du als Pfadfinder aktiv werden möchtest, kannst du dich direkt bei der Deutschen Pfadfinderschaft St. Georg (DPSG) erkundigen: www.dpsg.de. Kolpingjugendgruppen wie die von Dominik gibt es nahezu in jedem größeren Dorf. Ob auch bei dir in der Nähe, erfährst du online unter www.kolpingjugend.de. Oder schau dich doch mal bei der Katholischen Landjugendbewegung (KLJB) um (www.kljb.de) oder bei der Katholischen Jungen Gemeinde (KJG). Die findest du im Internet unter www.kjg.de. Und wenn du dir nicht sicher bist, dann sprich den Pfarrer deiner Pfarrei an. Der freut sich – und hilft dir bestimmt weiter!

FEEL THE SPIRIT

Meine Firmung

Mein Name ....

Am .... wurde ich in der Kirche ....

in .... gefirmt.

Mein Firmspender war ....

Mein Firmpate hieß ....

Das Motto unserer Firmung lautete ....

Das hat mich bei meiner Firmung am meisten beeindruckt: ....

....

....

....

....

ZUR ERINNERUNG

Mein Firmbild

FOTO: STOCK.XCHNG

FEEL THE SPIRIT 79

iQ
Wissen rund um die Kirche

4 Mio
Wann fand die größte Messe aller Zeiten statt?
Am 15. Januar 1995 in der philippinischen Hauptstadt Manila. Dort feierten mit Papst Johannes Paul II. etwa vier Millionen Menschen.

Warum nennt man die Bibel das „Buch der Bücher"?

Kein Buch wurde häufiger gedruckt, keines ist so weit verbreitet. Es existieren Übersetzungen in 475 Sprachen und in weiteren 2538 Sprachen Teilübersetzungen. Die größte Bibelsammlung findet sich wohl in der British Library, darunter zwei Gutenberg-Bibeln.

Ist der Petersdom im Vatikan die größte Kirche der Welt?

Nein. Die Notre-Dame-de-la-Paix ist noch größer. Die Kathedrale in Yamoussoukro (Elfenbeinküste) ist eine Kopie des Petersdomes. Allerdings sind hier nur die Außenmaße größer. Im Innenraum dagegen bietet die Hauskirche des Papstes deutlich mehr Platz – und zwar für 60.000 Gläubige. Das afrikanische Double kann „nur" 18.000 Gläubige aufnehmen.

FOTOS: PICTURE-ALLIANCE (2)

80 FEEL THE SPIRIT

WISSEN

Die Geheimnisse des

Kurz, kompakt und kompetent: Die Sonderhefte von G/Geschichte sind Wegweiser durch Kirche und Glauben (je 84 Seiten)

G/Geschichte Wissen Der Jakobsweg

50 Fragen bis ans Ziel. Der Jakobsweg ist im Trend wie selten zuvor. Dieses Sonderheft beantwortet die wichtigsten Fragen über Vorbereitung, Route und Ziel – inklusive DVD mit zwei Filmen.

nur 4,95 € pro Einzelheft

Mit DVD nur 9,90 € pro Einzelheft

G/Geschichte Religion Der Islam

Eines der drängendsten Themen für gläubige Christen ist der Islam. Jenseits aller emotionalen Debatten lernen Sie hier die wichtigsten Grundzüge der bedeutenden Weltreligion kennen.

nur 4,95 € pro Einzelheft